Sekundarstufe

Kathrin Schadow
Hans-J. Schmidt

Mathe-Memo

$$\frac{7}{12}$$

$$x_1 = 6$$
$$x_2 = -5$$

P

Spaß am Spiel,
Stoffgebiete wiederholen

Lernen mit Erfolg
KOHL VERLAG

www.kohlverlag.de

Mathe-Memo

1. Auflage 2016

© Kohl-Verlag, Kerpen 2016
Alle Rechte vorbehalten.

Inhalt: Hans J. Schmidt
Grafik & Satz: Kohl-Verlag
Druck: Druckhaus DOC GmbH, Kerpen

Bestell-Nr. 12 004

ISBN: 978-3-96040-154-4

Bildnachweis: Seite 3, 5, 12, 19, 26, 33, 40, 47, 54, 61, 68, 75: © schinsilord - Fotolia.com
Seite 3, 19: © Septantia Eta2208 - Fotolia.com

Inhalt

Vorwort und Anleitungen

Wie das Fernsehen im neuen Jahrtausend erfolgreich beweist, gilt die alte römische Weisheit von Brot und Spielen unvermindert.

Hier nutzen wir diese Erkenntnis für das Fach Mathematik.

Das aus der vorschulischen Kinderzeit bekannte Legespiel, das sich zunächst nur durch Formen und Bilder auszeichnete, ist sinnvoll für mathematische Begriffe und Zusammenhänge weiterentwickelt worden.

Die Akzeptanz der Schülerinnen und Schüler ist für das Mathe-Memo auch in höherem Alter gegeben, denn die Bekanntheit der Spielform erleichtert den Einsatz. Die Lernenden nutzen diesen Selbstzweck des Spiels und arbeiten eigenverantwortlich mit festgelegten und von der Gruppe anerkannten Regeln. Die Spielform Memo kann unter vielfältiger methodischer Abwechslung eingesetzt werden. Der Spaß am Spiel fördert den Wissenszuwachs nicht nur in Vertretungs- oder Wiederholungsstunden, sondern lässt sich auch bei der Öffnung des Mathematikunterrichts nutzen.

Die Memo-Karten:

Es empfiehlt sich, die einzelnen Seiten mit den **Memo-Karten** zu kopieren. Die **Rückseiten** zu jedem Kapitel/Themenbereich (Seiten 5, 12, 19, 26, 33, 40, 47, 54, 61, 68 und 75) sind immer als erstes Blatt des Kapitels abgedruckt. Sie sollten sechsmal kopiert werden und werden auf die bereits kopierten Memo-Karten geklebt, eventuell laminiert und nun in die einzelnen Memo-Spielkarten geschnitten.

So erhält man pro Themenbereich 72 Karten, 36 Frage- und 36 Antwortkarten. Sie unterscheiden sich durch die Größe der Abbildungen auf der Rückseite, damit das Auffinden zueinander passender Karten leichter ist. Denn im Gegensatz zum Wiedererkennen von Formen und Bildern muss bei den Mathe-Memos u.a. auch gerechnet werden, um die entsprechenden Karten zu finden. Je nach Leistungsstand kann die Anzahl der Karten auch reduziert werden. Vielleicht beginnt man zunächst einmal mit 36 oder 64 Memo-Karten.

Kontrolle und Übersicht:

Als Hilfe für die jeweils auszusortierenden Karten dienen die **Lösungen und Aufgabenübersicht** (Seiten 87-94). So hat man alle gestellten Aufgaben mit passender Lösung auf einen Blick, womit auch eine schnelle Kontrolle erfolgen kann.

Blankovorlagen:

Darüber hinaus können eigene Memo-Karten zu den 11 Themenbereichen mit Hilfe der **Blankovorlagen Vorderseite** (Seiten 82-86) entwickelt werden. Mit den passenden Rückseitenkarten zu den elf verschiedenen Themenbereichen verklebt, entstehen so jede Menge neue Möglichkeiten.

Viel Erfolg beim Einsatz der Mathe-Memos wünschen der Kohl-Verlag und

Hans J. Schmidt

Grundwissen Bruchrechnung

- Rückseite Grundwissen Bruchrechnung

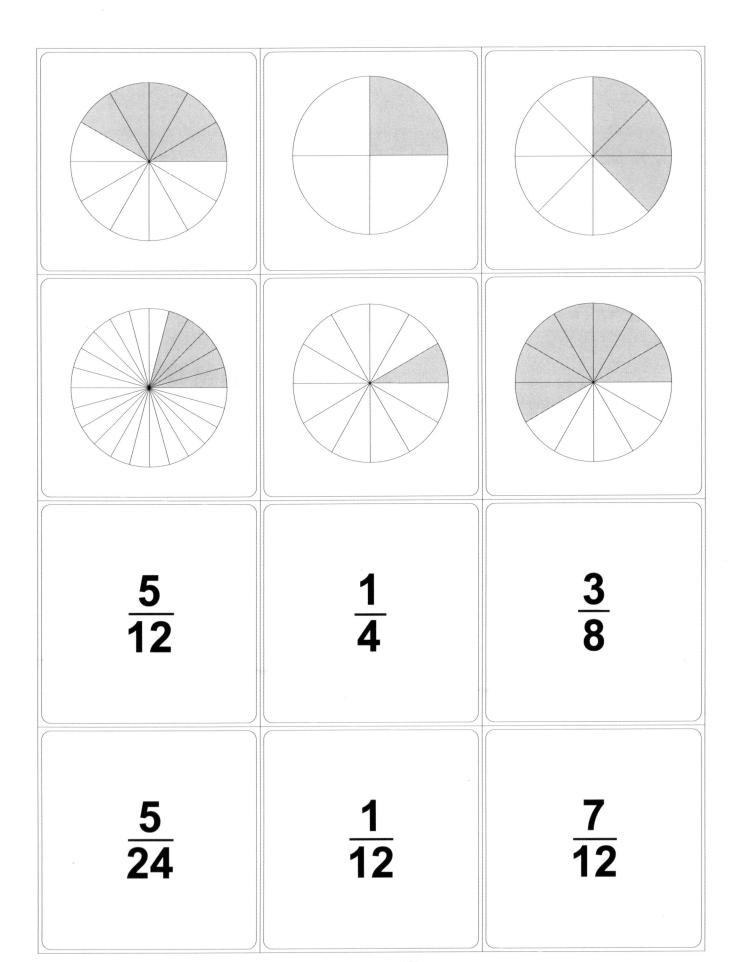

KOHL VERLAG   Mathe-Memo – Bestell-Nr. 12 004

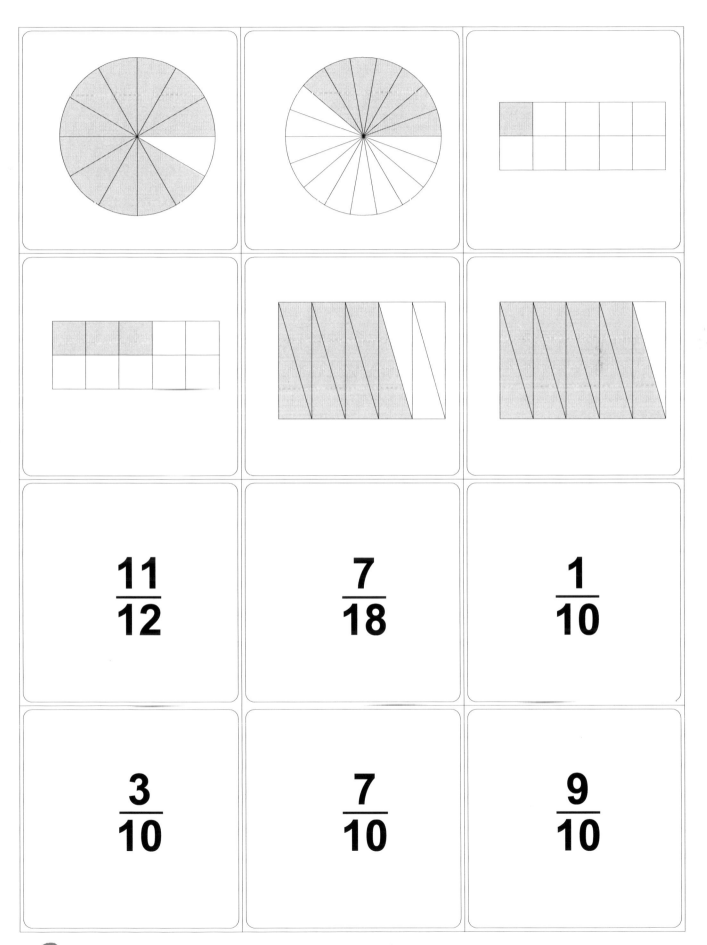

Mathe-Memo — Bestell-Nr. 12 004

Grundwissen Bruchrechnung

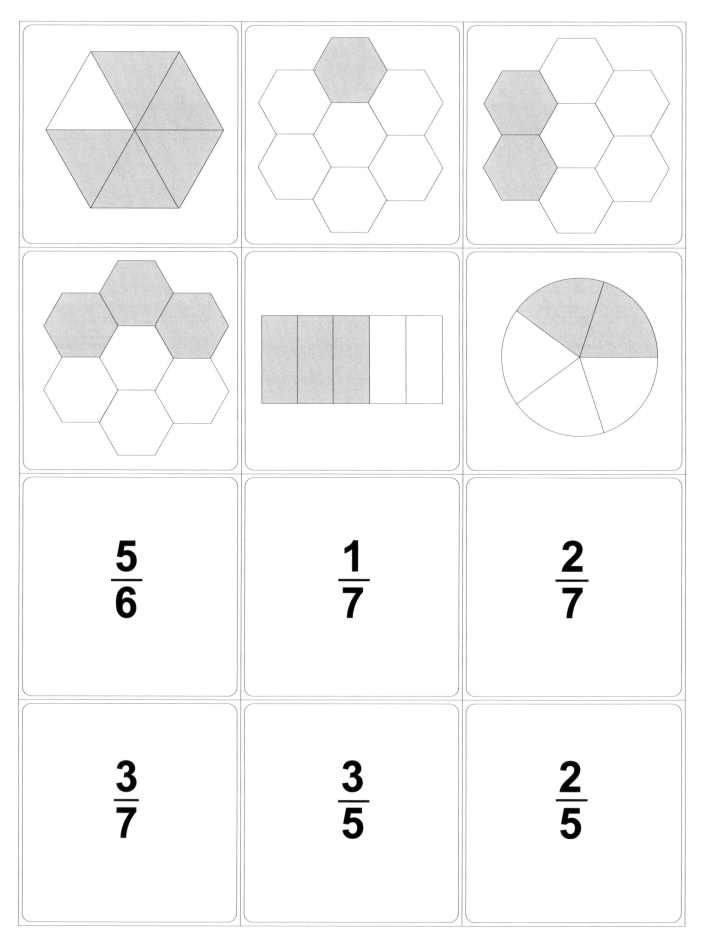

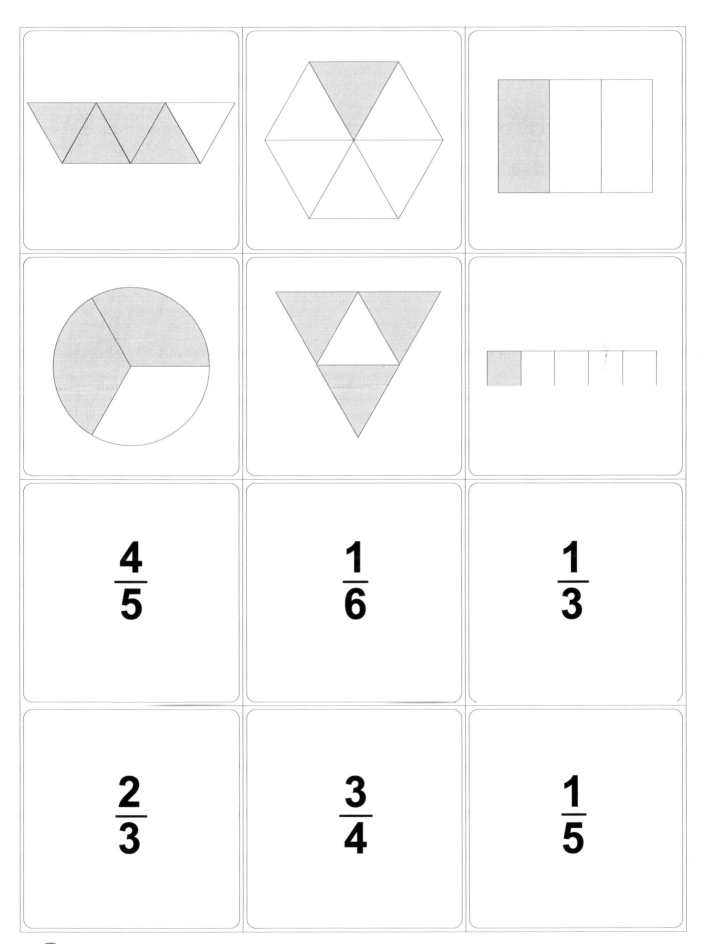

Grundwissen Bruchrechnung

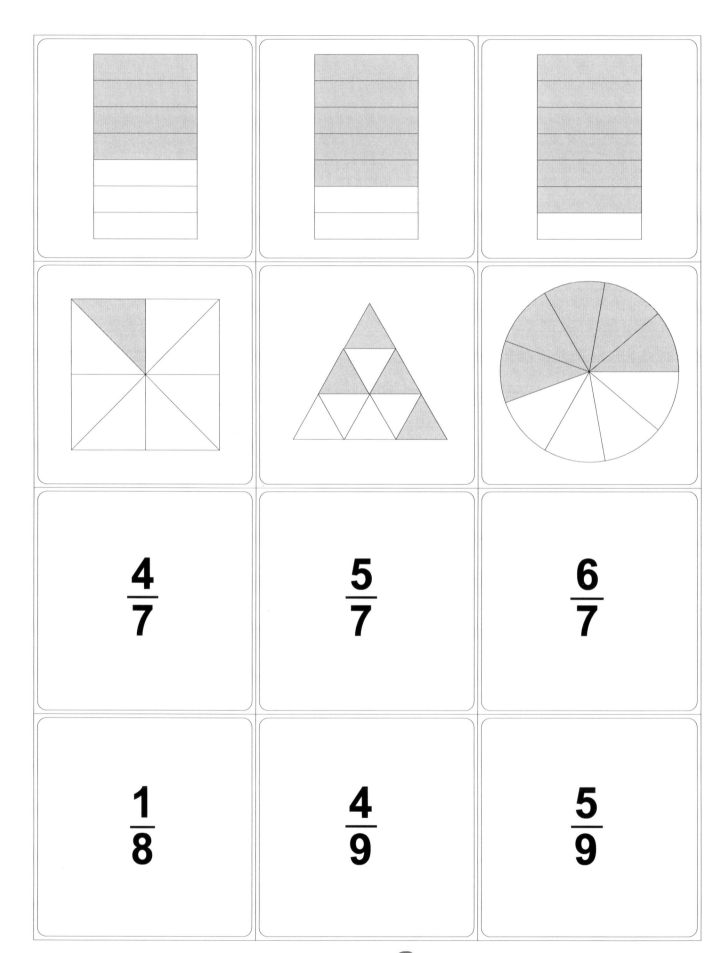

KOHL VERLAG   Mathe-Memo – Bestell-Nr. 12 004

Grundwissen Bruchrechnung

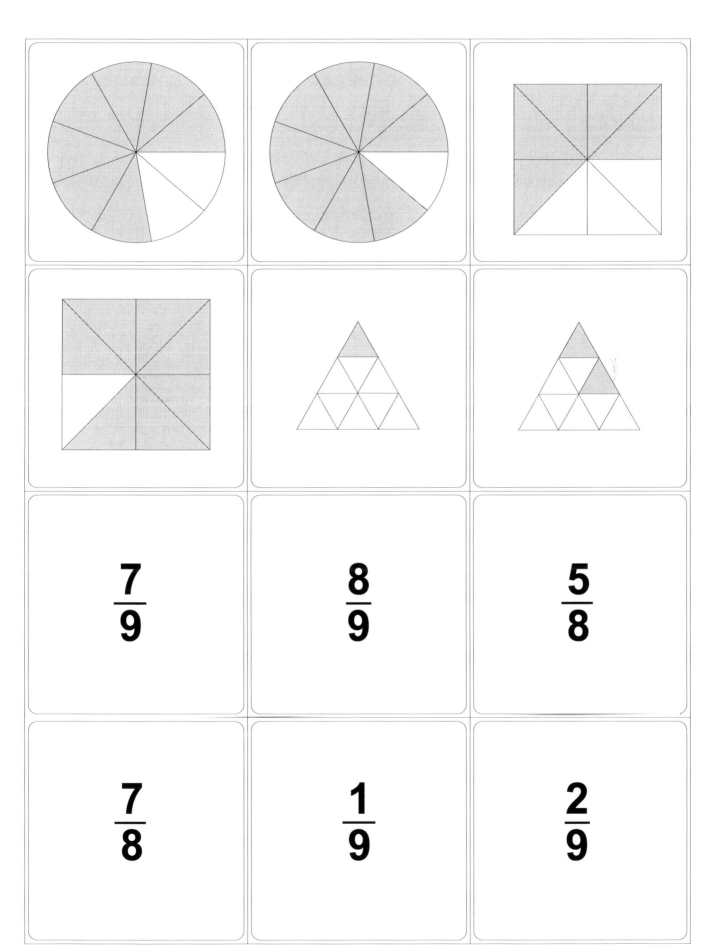

$$\frac{7}{9}$$

$$\frac{8}{9}$$

$$\frac{5}{8}$$

$$\frac{7}{8}$$

$$\frac{1}{9}$$

$$\frac{2}{9}$$

• Rückseite Grundwissen Geometrie

Mathe-Memo — Bestell-Nr. 12 004

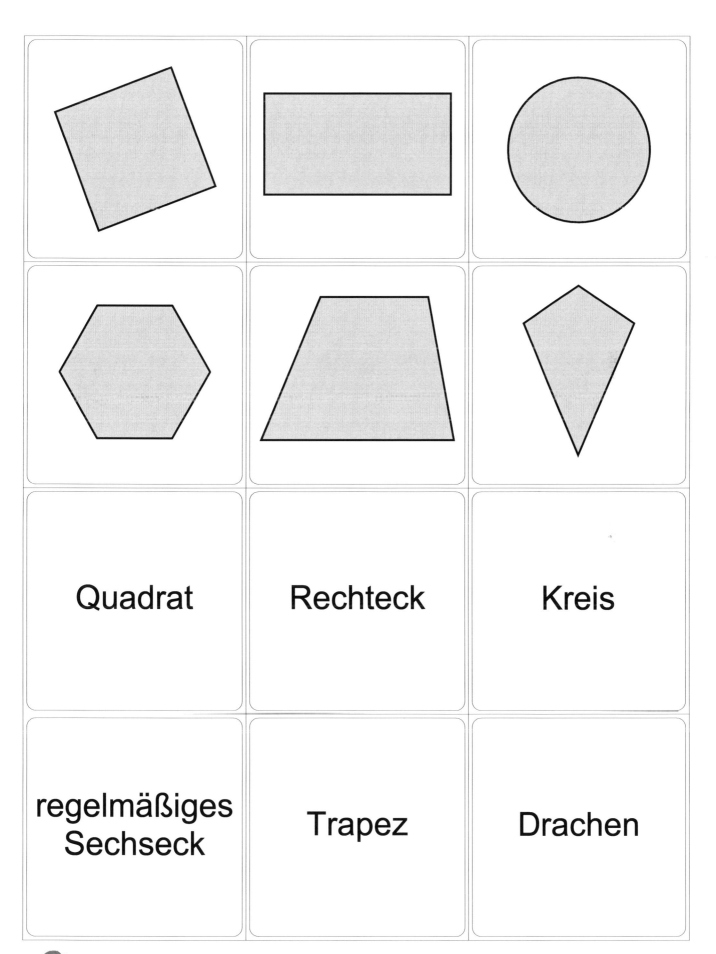

Quadrat	Rechteck	Kreis
regelmäßiges Sechseck	Trapez	Drachen

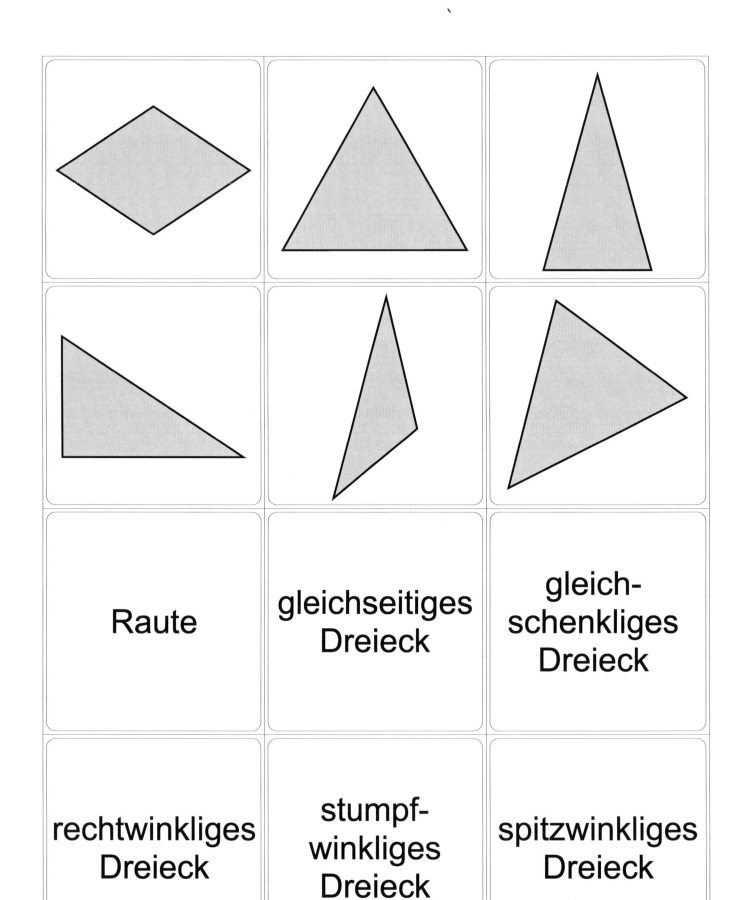

Raute	gleichseitiges Dreieck	gleich- schenkliges Dreieck
rechtwinkliges Dreieck	stumpf- winkliges Dreieck	spitzwinkliges Dreieck

KOHL VERLAG   Mathe-Memo – Bestell-Nr. 12 004

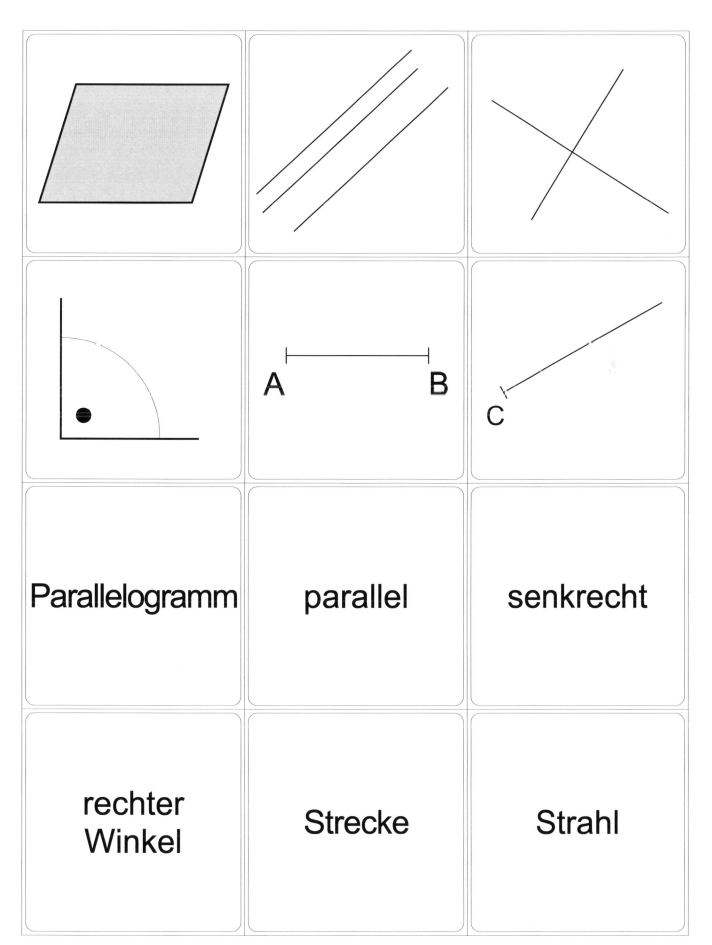

Parallelogramm	parallel	senkrecht
rechter Winkel	Strecke	Strahl

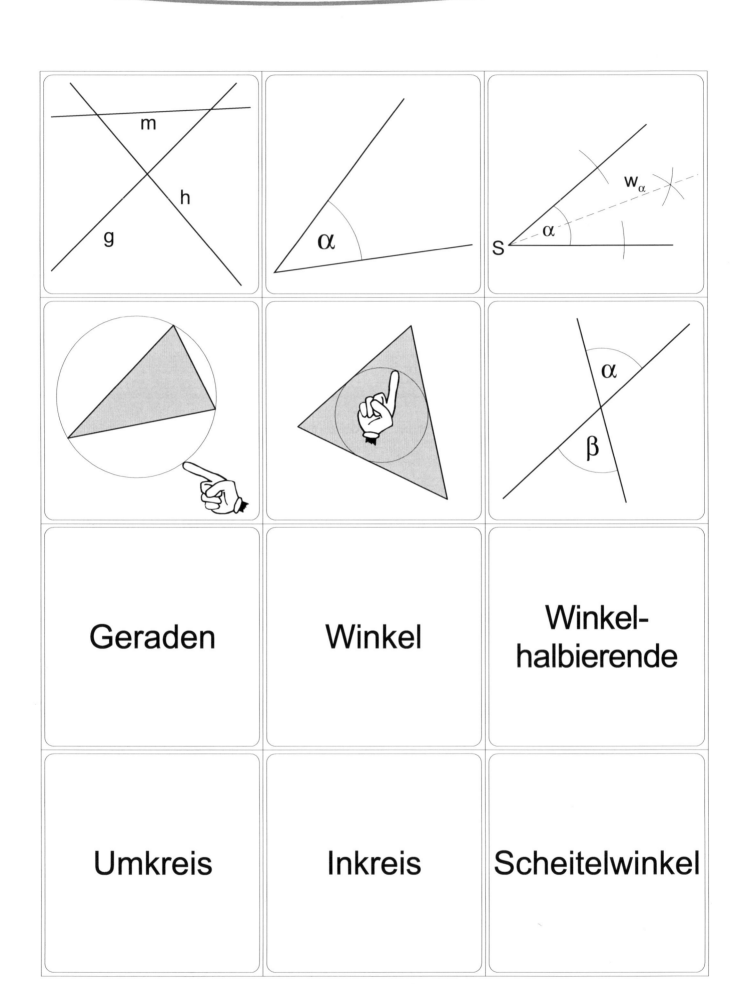

Geraden

Winkel

Winkel-
halbierende

Umkreis

Inkreis

Scheitelwinkel

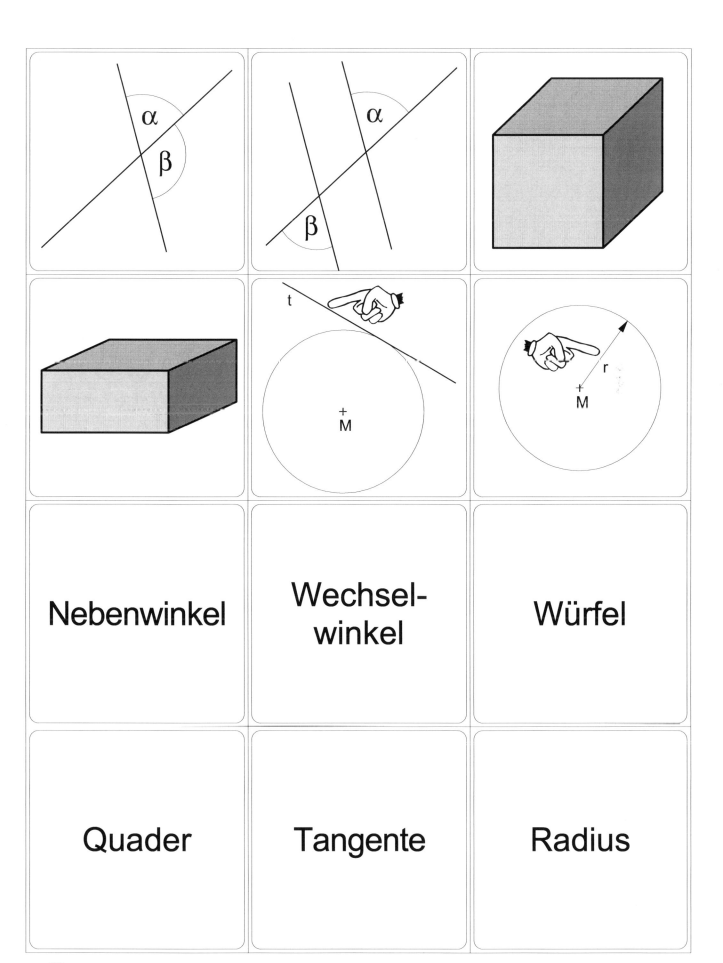

Nebenwinkel

Wechsel-winkel

Würfel

Quader

Tangente

Radius

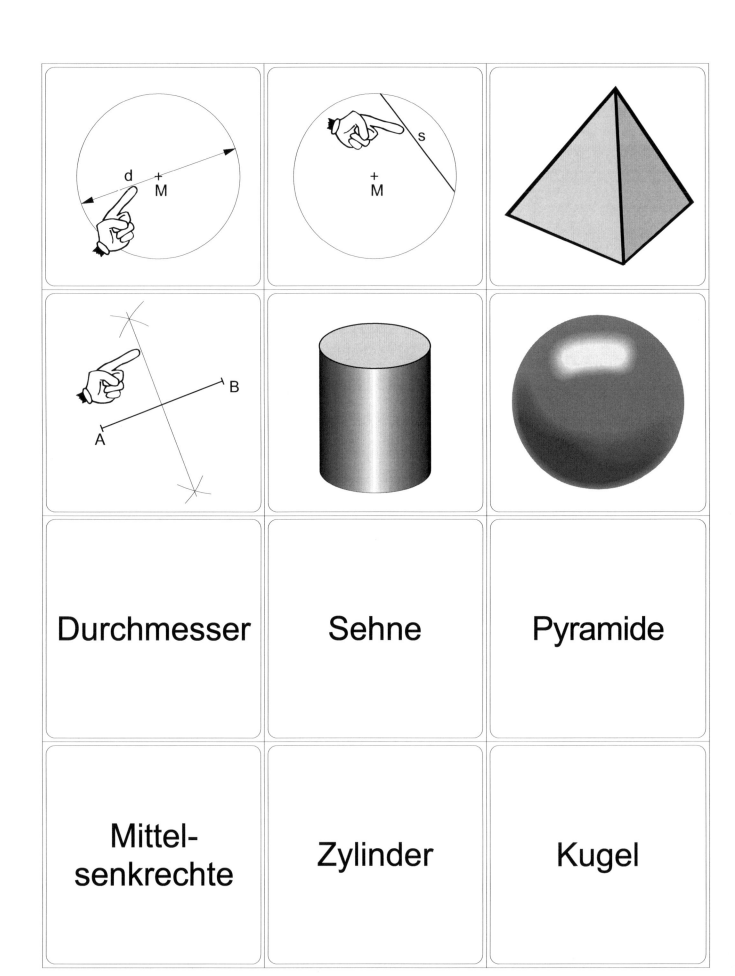

Durchmesser

Sehne

Pyramide

Mittel-
senkrechte

Zylinder

Kugel

KOHL VERLAG   Mathe-Memo – Bestell-Nr. 12 004

Römische Zahlzeichen

- Rückseite Römische Zahlzeichen

Römische Zahlzeichen

Römische Zahlzeichen

Römische Zahlzeichen

Römische Zahlzeichen

Römische Zahlzeichen

Römische Zahlzeichen

Römische Zahlzeichen

Römische Zahlzeichen

Römische Zahlzeichen

Römische Zahlzeichen

Römische Zahlzeichen

Römische Zahlzeichen

IX	XXIX	CCI
IV	VIII	XII
9	29	201
4	8	12

KOHL VERLAG   Mathe-Memo – Bestell-Nr. 12 004

XXXVII	XCIII	CCCXI
MMD	XLVII	MCM
37	93	311
2500	47	1900

CXXIV	CLIX	DCCI
MMCI	DXVIII	CV
124	159	701
2101	518	105

KOHL VERLAG   Mathe-Memo – Bestell-Nr. 12 004

MDCX	CLXII	CMXC
MXCVI	LXXVII	XCIX
1610	162	990
1096	77	99

DCCXI	CLXIII	DVIII
CML	MLXV	DLV
711	163	508
950	1065	555

CCCIII	MCMII	VII
LIII	LXVIII	CXXXII
303	1902	7
53	68	132

Zehnersystem

- Rückseite Zehnersystem

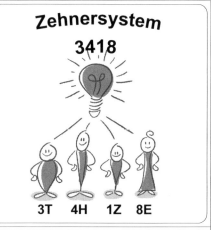

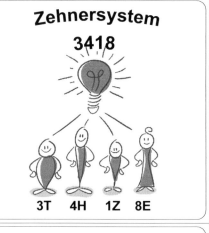

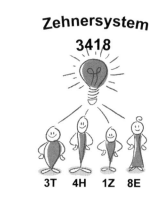

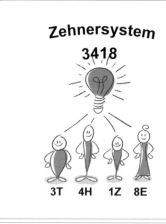

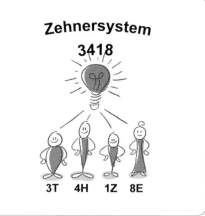

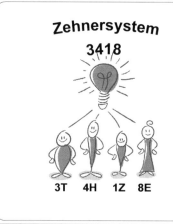

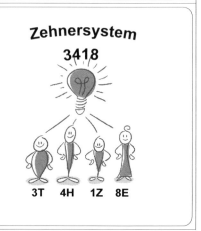

Welche Zahl ist dargestellt? $7T + 3H + 6Z + 9E$	Welche Zahl ist dargestellt? $7HT + 5Z + 3E$	Welche Zahl ist dargestellt? $9ZM + 2M + 7T + 3Z$
Welche Zahl ist dargestellt? $2ZT + 4T + 8H + 2Z + 2E$	Welche Zahl ist dargestellt? $5ZT + 2T + 9H + 7Z + 1E$	Welche Zahl ist dargestellt? $7H + 3Z + 9E$
7369	700053	92007030
24822	52971	739

Welche Zahl ist dargestellt? 9ZM + 7M + 5E	Welche Zahl ist dargestellt? 2HT + 4ZT + 4H + 2E	Welche Zahl ist dargestellt? 3T + 5H + 8Z + 7E
Welche Zahl ist dargestellt? 4T + 9Z + 9E	Welche Zahl ist dargestellt? 8T + 1H + 2Z	Welche Zahl ist dargestellt? 7T + 7H + 3Z + 2E
97000005	240402	3587
4099	8120	7732

Mathe-Memo – Bestell-Nr. 12 004

Welche Zahl ist dargestellt? 8Z + 9E	Welche Zahl ist dargestellt? 6Z + 3E	Welche Zahl ist dargestellt? 5Z + 7E
Welche Zahl ist dargestellt? 3Z + 6E	Welche Zahl ist dargestellt? 1ZT + 3T + 2H + 8Z + 9E	Welche Zahl ist dargestellt? 2ZT + 5H + 1Z + 2E
89	63	57
36	13289	20512

Welche Zahl ist dargestellt?	Welche Zahl ist dargestellt?	Welche Zahl ist dargestellt?
$3ZT + 1T + 7H + 1Z + 4E$	$6ZT + 4T + 3H + 8Z + 6E$	$7ZT + 3Z + 1E$

Welche Zahl ist dargestellt?	Welche Zahl ist dargestellt?	Welche Zahl ist dargestellt?
$6ZT + 1T + 2E$	$5ZT + 8T + 7Z$	$4ZT + 4T + 6E$

31714	64386	70031

61002	58070	44006

Lernen mit Erfolg
KOHL VERLAG   Mathe-Memo — Bestell-Nr. 12 004

Welche Zahl ist dargestellt?	Welche Zahl ist dargestellt?	Welche Zahl ist dargestellt?
$8H + 9Z + 2E$	$7H + 7Z + 6E$	$9H + 4E$
Welche Zahl ist dargestellt?	Welche Zahl ist dargestellt?	Welche Zahl ist dargestellt?
$2H + 8Z + 6E$	$1HT + 8ZT + 3T + 2H$	$2HT + 7T + 6H + 4E$
892	776	904
286	183200	207604

Welche Zahl ist dargestellt?	Welche Zahl ist dargestellt?	Welche Zahl ist dargestellt?
$4T + 7H + 5Z + 4E$	$5ZT + 2T + 3H + 6E$	$6ZT + 7T + 4E$
Welche Zahl ist dargestellt?	Welche Zahl ist dargestellt?	Welche Zahl ist dargestellt?
$9T + 3H + 7Z + 8E$	$1T + 1H + 1Z + 2E$	$6T + 3H + 2Z + 7E$
4754	52306	67004
9378	1112	6327

KOHL VERLAG   Mathe-Memo – Bestell-Nr. 12 004

Quadratzahlen

- Rückseite Quadratzahlen

Quadratzahlen

2^2	3^2	4^2
5^2	6^2	7^2
4	9	16
25	36	49

KOHL VERLAG   Mathe-Memo – Bestell-Nr. 12 004

8^2	9^2	10^2
11^2	12^2	13^2
64	81	100
121	144	169

14^2	15^2	16^2
17^2	18^2	19^2
196	225	256
289	324	361

Lernen mit Erfolg
KOHL VERLAG   Mathe-Memo – Bestell-Nr. 12 004

20^2	21^2	22^2
23^2	24^2	25^2
400	441	484
529	576	625

26^2	27^2	28^2
29^2	30^2	31^2
676	729	784
841	900	961

KOHL VERLAG   Mathe-Memo – Bestell-Nr. 12 004

40^2	45^2	50^2
55^2	60^2	65^2
1600	2025	2500
3025	3600	4225

- Rückseite des Zweiersystems

Mathe-Memo — Bestell-Nr. 12 004

Das Zweiersystem

Übertrage ins Zehnersystem!	Übertrage ins Zehnersystem!	Übertrage ins Zehnersystem!
101_2	10010_2	10111_2
Übertrage ins Zehnersystem!	Übertrage ins Zehnersystem!	Übertrage ins Zehnersystem!
10001_2	1001_2	100_2
5	18	23
17	9	4

Übertrage ins Zehnersystem! 1100_2	Übertrage ins Zehnersystem! 10011_2	Übertrage ins Zehnersystem! 10101_2
Übertrage ins Zehnersystem! 11001_2	Übertrage ins Zehnersystem! 11101_2	Übertrage ins Zehnersystem! 100100_2
12	19	21
25	29	36

KOHL VERLAG Mathe-Memo — Bestell-Nr. 12 004

Das Zweiersystem

Übertrage ins Zehnersystem! 101111_2	Übertrage ins Zehnersystem! 101010_2	Übertrage ins Zehnersystem! 111010_2
Übertrage ins Zehnersystem! 111111_2	Übertrage ins Zehnersystem! 111_2	Übertrage ins Zehnersystem! 1111_2
47	42	58
63	7	15

Übertrage ins Zehnersystem! 110111_2	Übertrage ins Zehnersystem! 111001_2	Übertrage ins Zehnersystem! 1001110_2
Übertrage ins Zehnersystem! 1000001_2	Übertrage ins Zehnersystem! 1000100_2	Übertrage ins Zehnersystem! 1000110_2
55	57	78
65	68	70

KOHL VERLAG — Lernen mit Erfolg — Mathe-Memo — Bestell-Nr. 12 004

Übertrage ins Zehnersystem! 1111111_2	Übertrage ins Zehnersystem! 1100101_2	Übertrage ins Zehnersystem! 1011101_2
Übertrage ins Zehnersystem! 1011011_2	Übertrage ins Zehnersystem! 1010010_2	Übertrage ins Zehnersystem! 1011111_2
127	101	93
91	82	95

Übertrage ins Zehnersystem! 1100011_2	Übertrage ins Zehnersystem! 1101000_2	Übertrage ins Zehnersystem! 1101101_2
Übertrage ins Zehnersystem! 110110_2	Übertrage ins Zehnersystem! 1110011_2	Übertrage ins Zehnersystem! 1111011_2
99	104	109
110	115	123

Dezimalbrüche – Brüche

• Rückseite Dezimalbrüche – Brüche

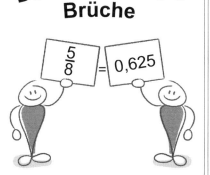

Dezimalbrüche – Brüche

Wie heißt der Bruch dazu? $0,7$	Wie heißt der Bruch dazu? $0,5$	Wie heißt der Bruch dazu? $0,25$
Wie heißt der Bruch dazu? $0,\overline{3}$	Wie heißt der Bruch dazu? $0,15$	Wie heißt der Bruch dazu? $0,125$
$\dfrac{7}{10}$	$\dfrac{1}{2}$	$\dfrac{1}{4}$
$\dfrac{1}{3}$	$\dfrac{3}{20}$	$\dfrac{1}{8}$

KOHL VERLAG — Lernen mit Erfolg — Mathe-Memo – Bestell-Nr. 12 004

Dezimalbrüche – Brüche

Wie heißt der Bruch dazu? $0{,}9$	Wie heißt der Bruch dazu? $0{,}\overline{6}$	Wie heißt der Bruch dazu? $0{,}75$
Wie heißt der Bruch dazu? $0{,}\overline{1}$	Wie heißt der Bruch dazu? $0{,}35$	Wie heißt der Bruch dazu? $0{,}375$
$\dfrac{9}{10}$	$\dfrac{2}{3}$	$\dfrac{3}{4}$
$\dfrac{1}{9}$	$\dfrac{7}{20}$	$\dfrac{3}{8}$

Dezimalbrüche – Brüche

Wie heißt der Bruch dazu? $0,3$	Wie heißt der Bruch dazu? $0,8\overline{3}$	Wie heißt der Bruch dazu? $0,2$
Wie heißt der Bruch dazu? $0,0\overline{6}$	Wie heißt der Bruch dazu? $0,4$	Wie heißt der Bruch dazu? $0,6$
$\dfrac{3}{10}$	$\dfrac{5}{6}$	$\dfrac{1}{5}$
$\dfrac{1}{15}$	$\dfrac{2}{5}$	$\dfrac{3}{5}$

Lernen mit Erfolg KOHL VERLAG   Mathe-Memo – Bestell-Nr. 12 004

Wie heißt der Bruch dazu?	Wie heißt der Bruch dazu?	Wie heißt der Bruch dazu?
0,04	0,08	0,12

Wie heißt der Bruch dazu?	Wie heißt der Bruch dazu?	Wie heißt der Bruch dazu?
0,16	0,32	0,075

$\dfrac{1}{25}$	$\dfrac{2}{25}$	$\dfrac{3}{25}$
$\dfrac{4}{25}$	$\dfrac{8}{25}$	$\dfrac{3}{40}$

Wie heißt der Bruch dazu?	Wie heißt der Bruch dazu?	Wie heißt der Bruch dazu?
$0,8$	$0,1\overline{6}$	$0,625$
Wie heißt der Bruch dazu?	Wie heißt der Bruch dazu?	Wie heißt der Bruch dazu?
$0,875$	$0,18$	$0,38$
$\dfrac{4}{5}$	$\dfrac{1}{6}$	$\dfrac{5}{8}$
$\dfrac{7}{8}$	$\dfrac{9}{50}$	$\dfrac{19}{50}$

KOHL VERLAG   Mathe-Memo – Bestell-Nr. 12 004

Wie heißt der Bruch dazu?	Wie heißt der Bruch dazu?	Wie heißt der Bruch dazu?
0,55	0,175	0,57
Wie heißt der Bruch dazu?	**Wie heißt der Bruch dazu?**	**Wie heißt der Bruch dazu?**
0,03	0,09	0,019
$\dfrac{11}{20}$	$\dfrac{7}{40}$	$\dfrac{57}{100}$
$\dfrac{3}{100}$	$\dfrac{18}{200}$	$\dfrac{19}{1000}$

• Rückseite Koordinatensystem

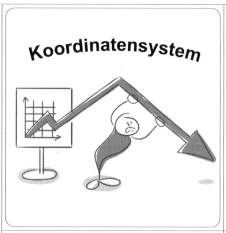

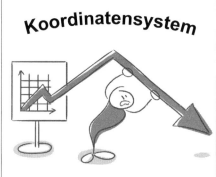

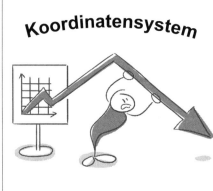

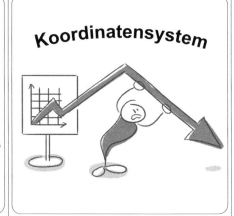

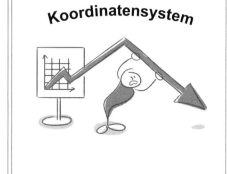

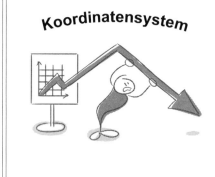

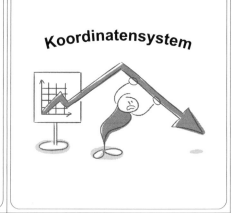

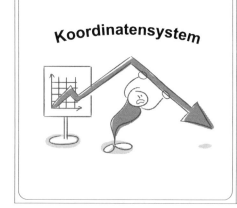

KOHL VERLAG   Mathe-Memo – Bestell-Nr. 12 004

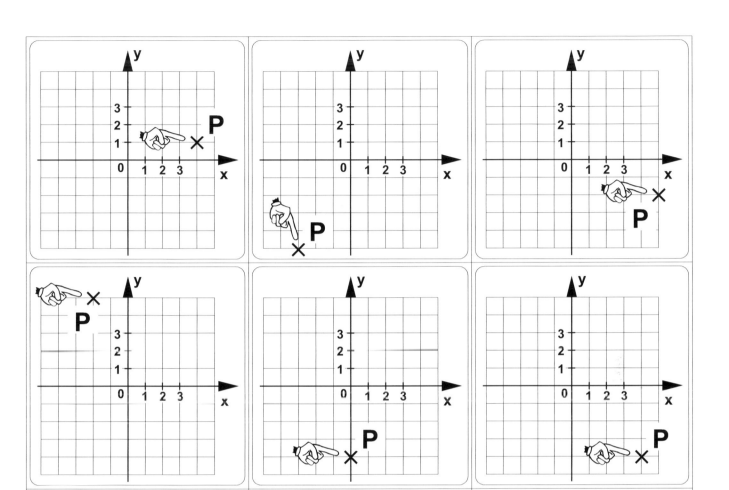

P(4|1)

P(−3|−5)

P(5|−2)

P(−2|5)

P(0|−4)

P(4|−4)

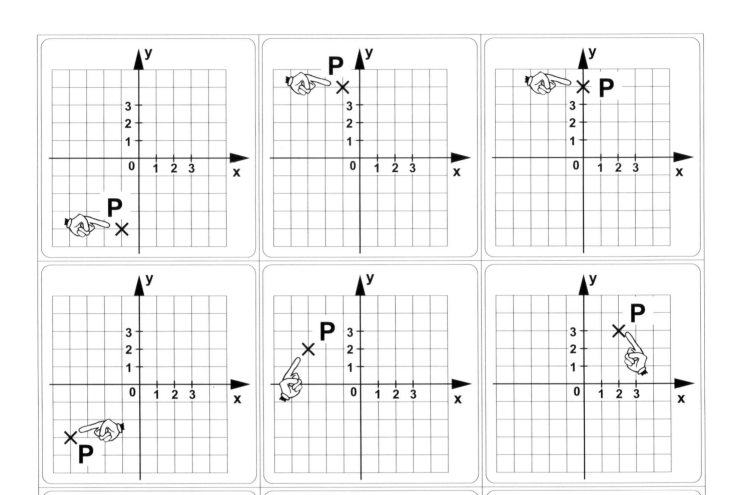

| P(–1\|–4) | P(–1\|4) | P(0\|4) |
| P(–4\|–3) | P(–3\|2) | P(2\|3) |

Lernen mit Erfolg
KOHL VERLAG   Mathe-Memo – Bestell-Nr. 12 004

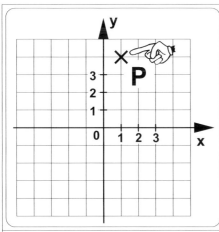

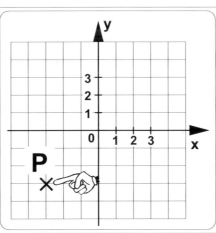

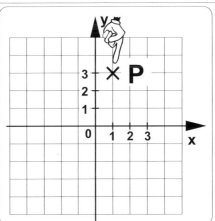

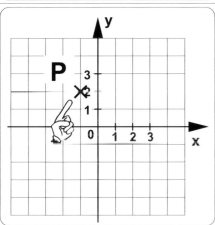

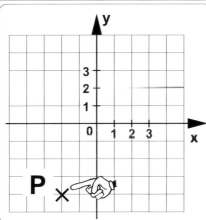

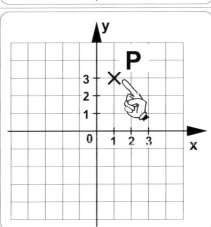

P(1 | 4)

P(−3 | −3)

P(1 | 3)

P(−1 | 2)

P(−2 | −4)

P(1 | 3)

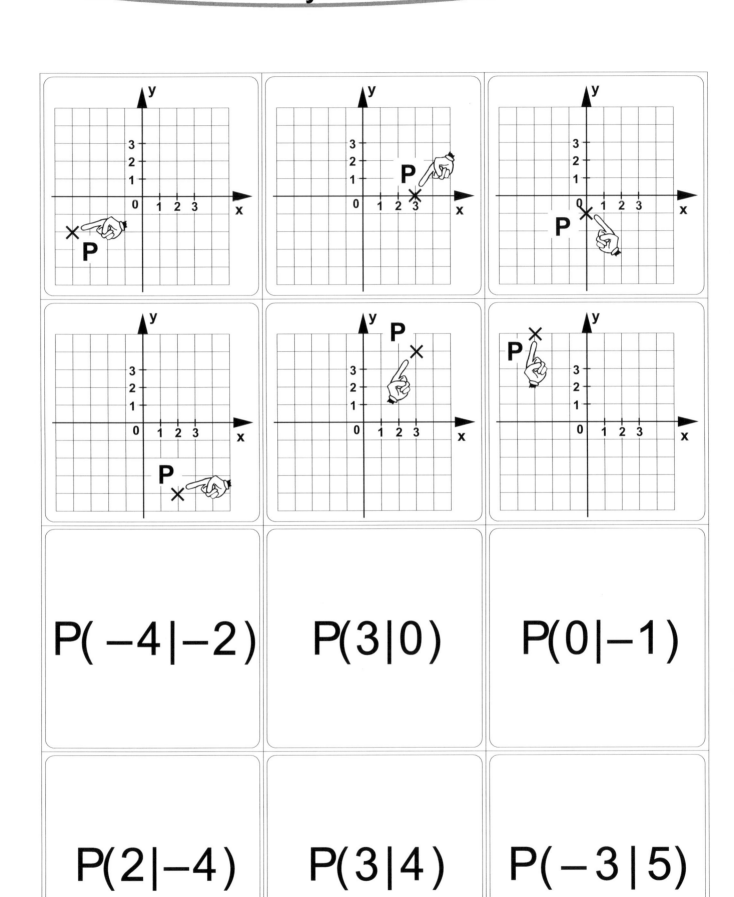

P(−4 | −2) P(3 | 0) P(0 | −1)

P(2 | −4) P(3 | 4) P(−3 | 5)

KOHL VERLAG Mathe-Memo – Bestell-Nr. 12 004

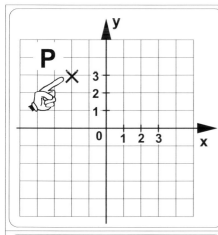

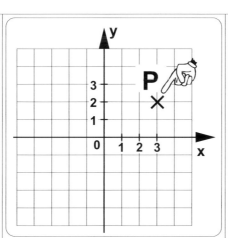

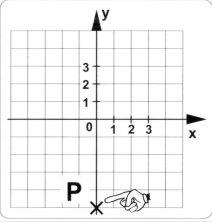

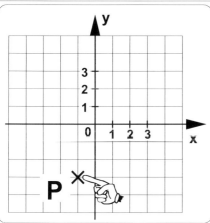

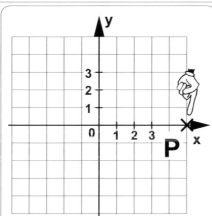

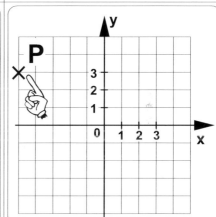

P(−2|3)

P(3|2)

P(0|−5)

P(−1|−3)

P(5|0)

P(−5|3)

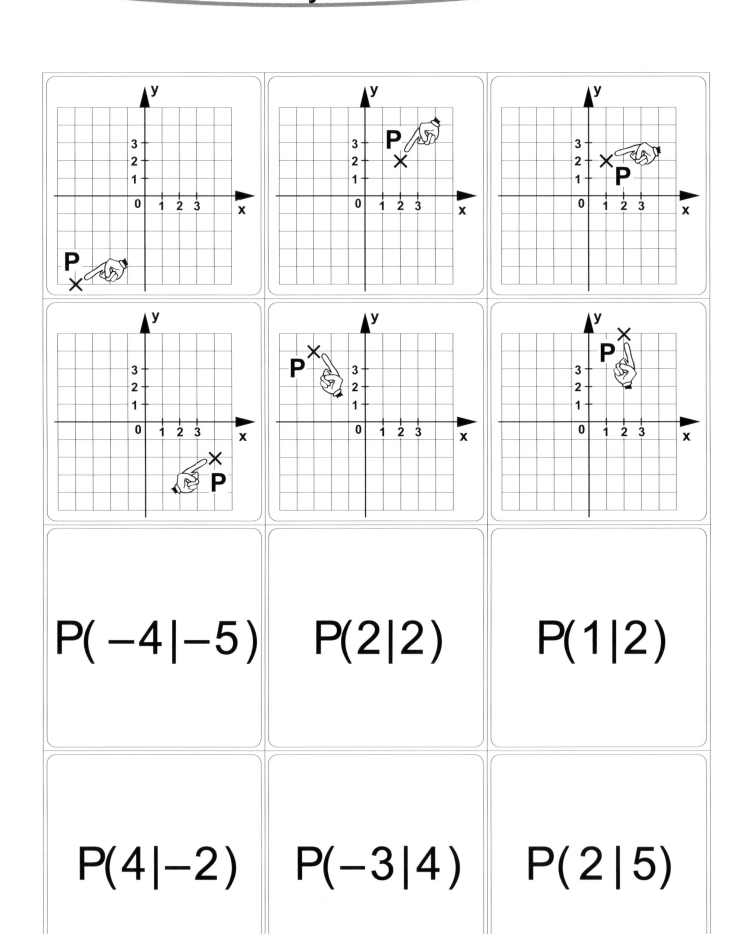

Mathe-Memo – Bestell-Nr. 12 004

Lineare Funktionen

• Rückseite Lineare Funktionen

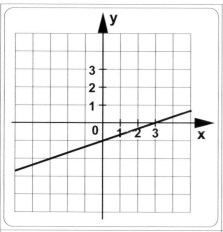

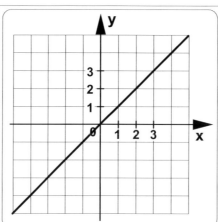

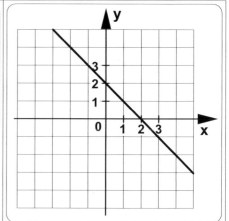

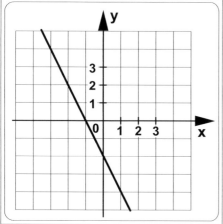

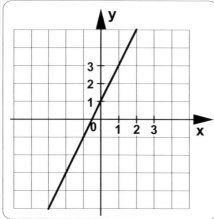

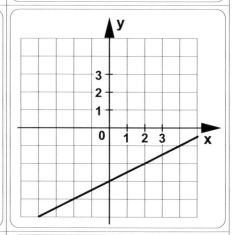

$$y = \frac{1}{3}x - 1$$

$$y = x$$

$$y = -x + 2$$

$$y = -2x - 2$$

$$y = 2x + 1$$

$$y = \frac{1}{2}x - 3$$

KOHL VERLAG   Mathe-Memo – Bestell-Nr. 12 004

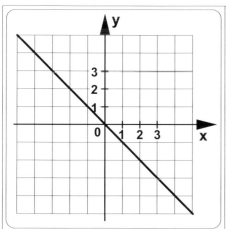 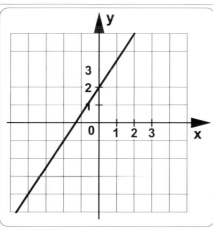 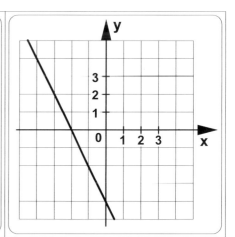

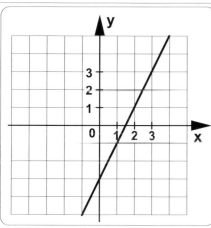 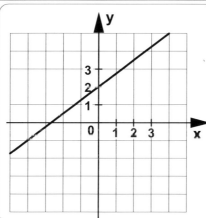 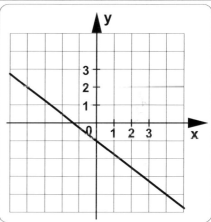

$$y = -x$$

$$y = \frac{3}{2}x + 2$$

$$y = -2x - 4$$

$$y = 2x - 3$$

$$y = \frac{3}{4}x + 2$$

$$y = -\frac{3}{4}x - 1$$

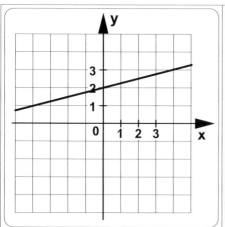

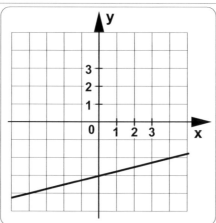

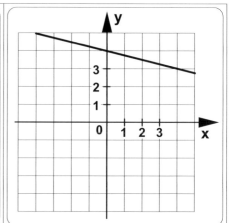

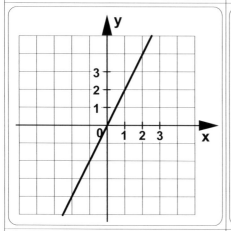

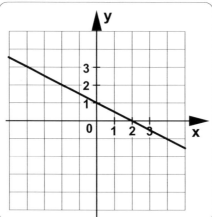

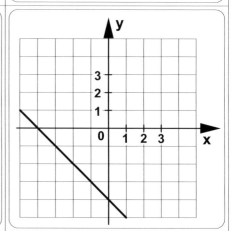

$$y = \frac{1}{4}x + 2$$

$$y = \frac{1}{4}x - 3$$

$$y = -\frac{1}{4}x + 4$$

$$y = 2x$$

$$y = -\frac{1}{2}x + 1$$

$$y = -x - 4$$

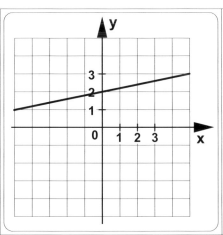

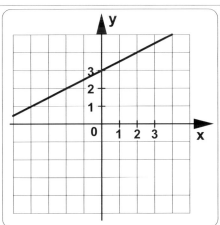

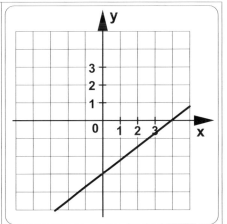

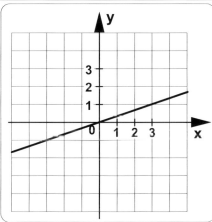

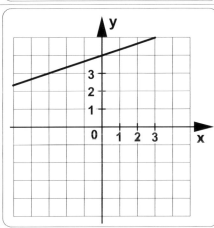

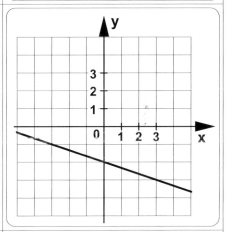

$$y = \frac{1}{5}x + 2$$

$$y = \frac{1}{2}x + 3$$

$$y = \frac{3}{4}x - 3$$

$$y = \frac{1}{3}x$$

$$y = \frac{1}{3}x + 4$$

$$y = -\frac{1}{3}x - 2$$

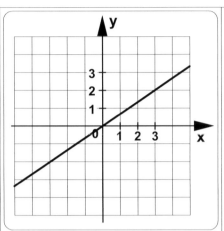

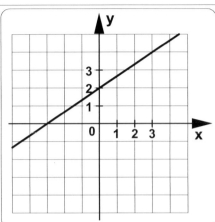

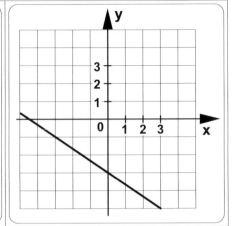

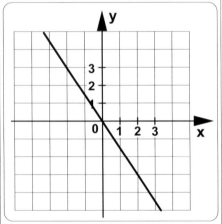

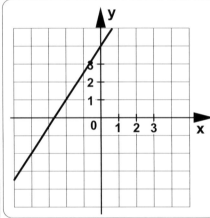

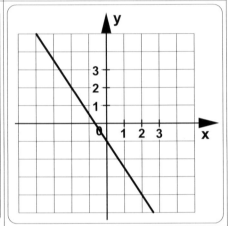

$$y = \frac{2}{3}x$$

$$y = \frac{2}{3}x + 2$$

$$y = -\frac{2}{3}x - 3$$

$$y = -\frac{3}{2}x$$

$$y = \frac{3}{2}x + 4$$

$$y = -\frac{3}{2}x - 1$$

KOHL VERLAG   Mathe-Memo – Bestell-Nr. 12 004

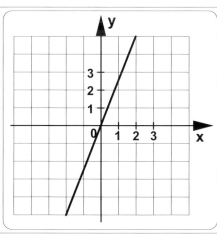

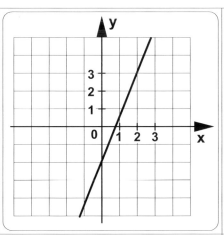

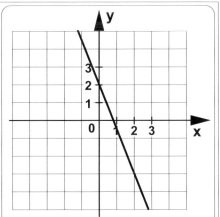

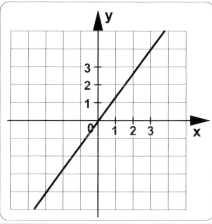

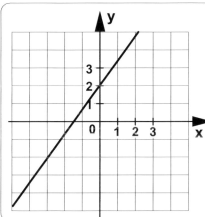

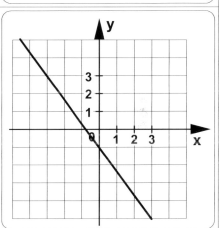

$$y = \frac{5}{2}x$$

$$y = \frac{5}{2}x - 2$$

$$y = -\frac{5}{2}x + 2$$

$$y = \frac{4}{3}x$$

$$y = \frac{4}{3}x + 2$$

$$y = -\frac{4}{3}x - 1$$

Quadratische Funktionen

• Rückseite Quadratische Funktionen

Lernen mit Erfolg
KOHL VERLAG   Mathe-Memo – Bestell-Nr. 12 004

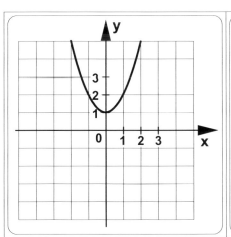

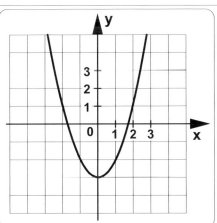

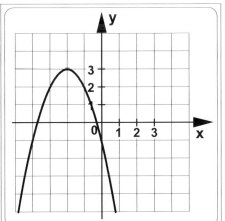

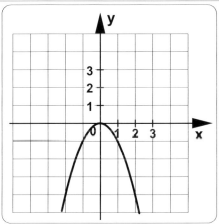

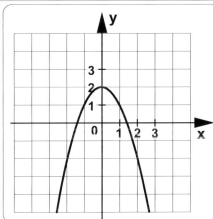

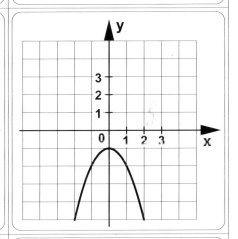

$$y = x^2 + 1$$

$$y = x^2 - 3$$

$$y = -(x+2)^2 + 3$$

$$y = -x^2$$

$$y = -x^2 + 2$$

$$y = -x^2 - 1$$

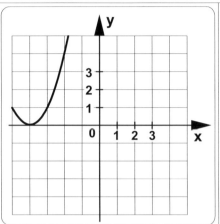

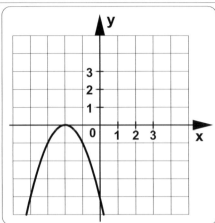

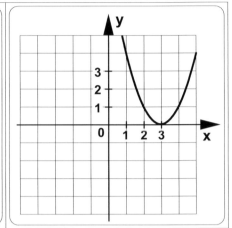

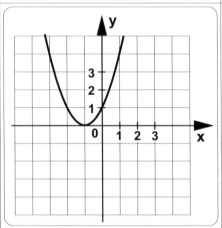

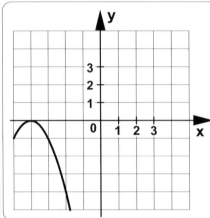

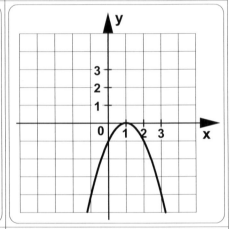

$$y = (x+4)^2$$

$$y = -(x+2)^2$$

$$y = (x-3)^2$$

$$y = (x+1)^2$$

$$y = -(x+4)^2$$

$$y = -(x-1)^2$$

KOHL VERLAG   *Lernen mit Erfolg*

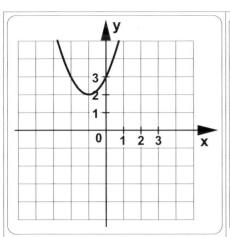 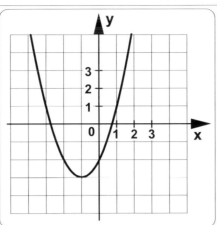 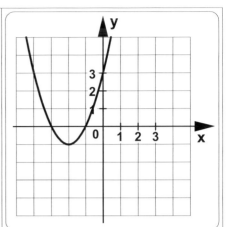

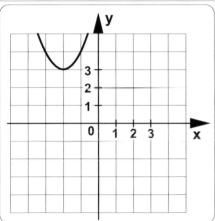 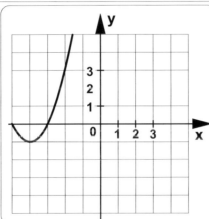 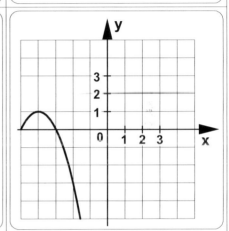

$$y = (x+1)^2 + 2$$

$$y = (x+1)^2 - 3$$

$$y = (x+2)^2 - 1$$

$$y = (x+2)^2 + 3$$

$$y = (x+4)^2 - 1$$

$$y = -(x+4)^2 + 1$$

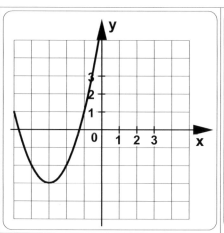
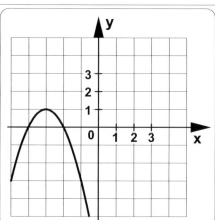
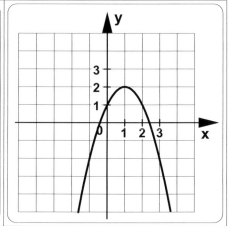

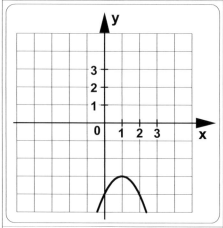
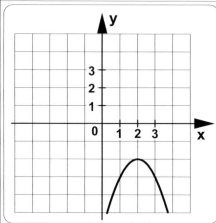
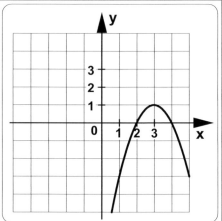

$$y=(x+3)^2-3$$

$$y=-(x+3)^2+1$$

$$y=-(x-1)^2+2$$

$$y=-(x-1)^2-3$$

$$y=-(x-2)^2-2$$

$$y=-(x-3)^2+1$$

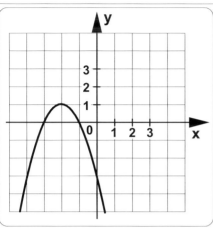 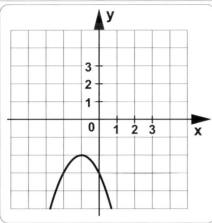 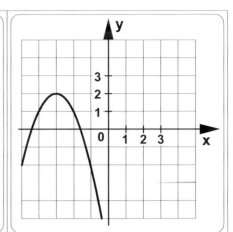

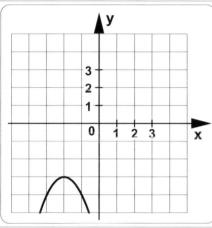 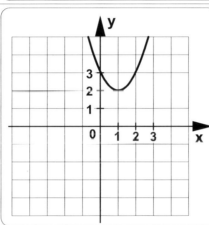 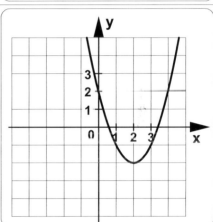

$$y = -(x+2)^2 + 1$$

$$y = -(x+1)^2 - 2$$

$$y = -(x+3)^2 + 2$$

$$y = -(x+2)^2 - 3$$

$$y = (x-1)^2 + 2$$

$$y = (x-2)^2 - 2$$

Quadratische Funktionen

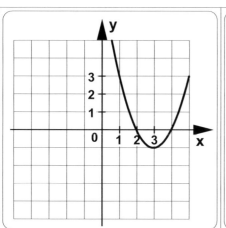

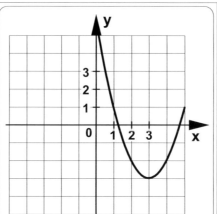

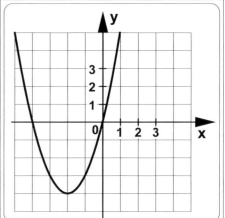

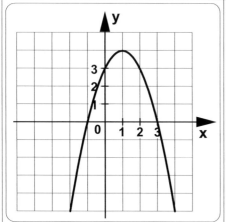

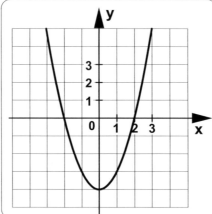

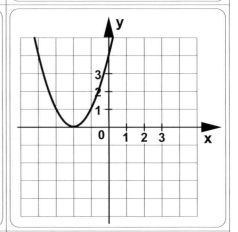

$$y = (x-3)^2 - 1$$

$$y = (x-3)^2 - 3$$

$$y = (x+2)^2 - 4$$

$$y = -(x-1)^2 + 4$$

$$y = x^2 - 4$$

$$y = (x+2)^2$$

KOHL VERLAG — Lernen mit Erfolg — Mathe-Memo — Bestell-Nr. 12 004

Satz des Viëta

- Rückseite Satz des Viëta

Satz des Viëta

Satz des Viëta

Satz des Viëta

Satz des Viëta

Satz des Viëta

Satz des Viëta

Satz des Viëta

Satz des Viëta

Satz des Viëta

Satz des Viëta

Satz des Viëta

Satz des Viëta

$$x^2+2x-15=0$$

$$x^2+8x+12=0$$

$$x^2-x-2=0$$

$$x^2+x-12=0$$

$$x^2-4x-21=0$$

$$x^2-11x+30=0$$

$$x_1 = 3$$
$$x_2 = -5$$

$$x_1 = -2$$
$$x_2 = -6$$

$$x_1 = 2$$
$$x_2 = -1$$

$$x_1 = -4$$
$$x_2 = 3$$

$$x_1 = 7$$
$$x_2 = -3$$

$$x_1 = 5$$
$$x_2 = 6$$

KOHL VERLAG   Lernen mit Erfolg   Mathe-Memo – Bestell-Nr. 12 004

$x^2 - 12x + 27 = 0$	$x^2 + 3x - 28 = 0$	$x^2 - 11x + 18 = 0$
$x^2 + 11x + 24 = 0$	$x^2 + 11x + 28 = 0$	$x^2 - 4x - 45 = 0$
$x_1 = 3$ $x_2 = 9$	$x_1 = 4$ $x_2 = -7$	$x_1 = 2$ $x_2 = 9$
$x_1 = -3$ $x_2 = -8$	$x_1 = -4$ $x_2 = -7$	$x_1 = -5$ $x_2 = 9$

$$x^2 - 2x - 8 = 0$$

$$x^2 + 6x - 27 = 0$$

$$x^2 - x - 30 = 0$$

$$x^2 + 3x - 40 = 0$$

$$x^2 - 4x - 12 = 0$$

$$x^2 + 3x - 18 = 0$$

$$x_1 = 4$$
$$x_2 = -2$$

$$x_1 = 3$$
$$x_2 = -9$$

$$x_1 = 6$$
$$x_2 = -5$$

$$x_1 = 5$$
$$x_2 = -8$$

$$x_1 = 6$$
$$x_2 = -2$$

$$x_1 = 3$$
$$x_2 = -6$$

$x^2 - 13x + 12 = 0$

$x^2 - 25x + 46 = 0$

$x^2 - 10x + 16 = 0$

$x^2 + 11x + 18 = 0$

$x^2 + 9x - 36 = 0$

$x^2 - 4x - 32 = 0$

$x_1 = 1$
$x_2 = 12$

$x_1 = 2$
$x_2 = 23$

$x_1 = 2$
$x_2 = 8$

$x_1 = -2$
$x_2 = -9$

$x_1 = -12$
$x_2 = 3$

$x_1 = 8$
$x_2 = -4$

Satz des Viëta

$$x^2 - 3x + 2 = 0$$

$$x^2 + x - 6 = 0$$

$$x^2 - x - 20 = 0$$

$$x^2 + 4x - 32 = 0$$

$$x^2 - 7x + 10 = 0$$

$$x^2 - 7x + 12 = 0$$

$$x_1 = 1$$
$$x_2 = 2$$

$$x_1 = 2$$
$$x_2 = -3$$

$$x_1 = 5$$
$$x_2 = -4$$

$$x_1 = 4$$
$$x_2 = -8$$

$$x_1 = 2$$
$$x_2 = 5$$

$$x_1 = 3$$
$$x_2 = 4$$

KOHL VERLAG   Lernen mit Erfolg   Mathe-Memo — Bestell-Nr. 12 004

$x^2 + 5x + 6 = 0$

$x^2 + 4x + 3 = 0$

$x^2 - 3x - 18 = 0$

$x^2 - 15x + 56 = 0$

$x^2 - 2x - 24 = 0$

$x^2 - x - 56 = 0$

$x_1 = -2$
$x_2 = -3$

$x_1 = -3$
$x_2 = -1$

$x_1 = 6$
$x_2 = -3$

$x_1 = 8$
$x_2 = 7$

$x_1 = 6$
$x_2 = -4$

$x_1 = 8$
$x_2 = -7$

Blankovorlagen Vorderseite

• für Kapitel 1, 2, 3, 5 und 11

KOHL VERLAG — Lernen mit Erfolg — Mathe-Memo — Bestell-Nr. 12 004

Blankovorlagen Vorderseite

- für Kapitel 4

Welche Zahl ist dargestellt?	Welche Zahl ist dargestellt?	Welche Zahl ist dargestellt?
Welche Zahl ist dargestellt?	**Welche Zahl ist dargestellt?**	**Welche Zahl ist dargestellt?**

• für Kapitel 6

Übertrage ins Zehnersystem!	Übertrage ins Zehnersystem!	Übertrage ins Zehnersystem!
Übertrage ins Zehnersystem!	Übertrage ins Zehnersystem!	Übertrage ins Zehnersystem!

KOHL VERLAG   Mathe-Memo – Bestell-Nr. 12 004

• für Kapitel 7

Wie heißt der Bruch dazu?	Wie heißt der Bruch dazu?	Wie heißt der Bruch dazu?
Wie heißt der Bruch dazu?	Wie heißt der Bruch dazu?	Wie heißt der Bruch dazu?

• für Kapitel 8, 9 und 10

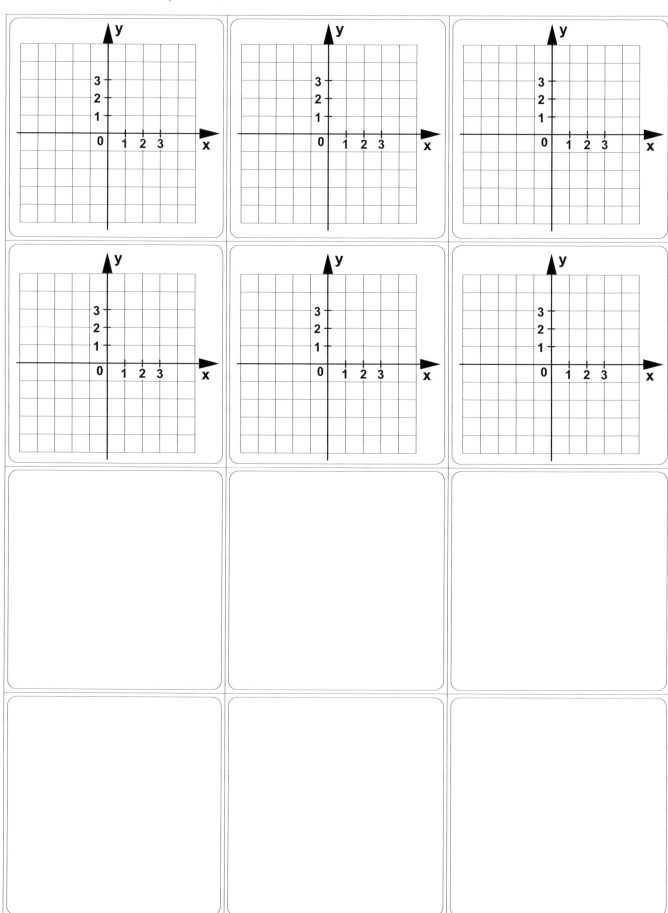

Lösungen und Aufgabenübersicht

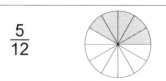

Spalte 1		Spalte 2		Spalte 3	
$\dfrac{5}{12}$		$\dfrac{5}{6}$		$\dfrac{4}{7}$	
$\dfrac{1}{4}$		$\dfrac{1}{7}$		$\dfrac{5}{7}$	
$\dfrac{3}{8}$		$\dfrac{2}{7}$		$\dfrac{6}{7}$	
$\dfrac{5}{24}$		$\dfrac{3}{7}$		$\dfrac{1}{8}$	
$\dfrac{1}{12}$		$\dfrac{3}{5}$		$\dfrac{4}{9}$	
$\dfrac{7}{12}$		$\dfrac{2}{5}$		$\dfrac{5}{9}$	
$\dfrac{11}{12}$		$\dfrac{4}{5}$		$\dfrac{7}{9}$	
$\dfrac{7}{18}$		$\dfrac{1}{6}$		$\dfrac{8}{9}$	
$\dfrac{1}{10}$		$\dfrac{1}{3}$		$\dfrac{5}{8}$	
$\dfrac{3}{10}$		$\dfrac{2}{3}$		$\dfrac{7}{8}$	
$\dfrac{7}{10}$		$\dfrac{3}{4}$		$\dfrac{1}{9}$	
$\dfrac{9}{10}$		$\dfrac{1}{5}$		$\dfrac{2}{9}$	

Lösungen und Aufgabenübersicht

2 Grundwissen Geometrie (1)

Quadrat	
Rechteck	
Kreis	
regelmäßiges Sechseck	
Trapez	
Drachen	
Raute	
gleichseitiges Dreieck	
gleichschenkliges Dreieck	
rechtwinkliges Dreieck	
stumpfwinkliges Dreieck	
spitzwinkliges Dreieck	

2 Grundwissen Geometrie (2)

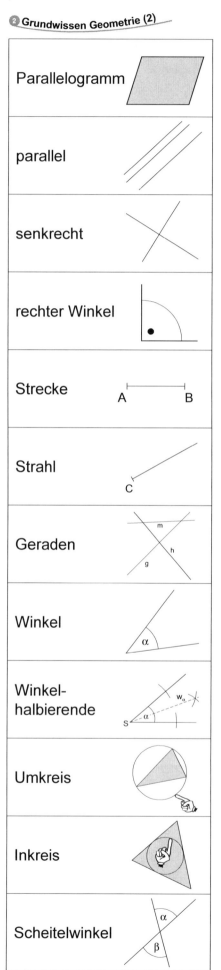

Parallelogramm	
parallel	
senkrecht	
rechter Winkel	
Strecke	A —— B
Strahl	C
Geraden	m, h, g
Winkel	α
Winkel-halbierende	wₐ, S, α
Umkreis	
Inkreis	
Scheitelwinkel	α, β

2 Grundwissen Geometrie (3)

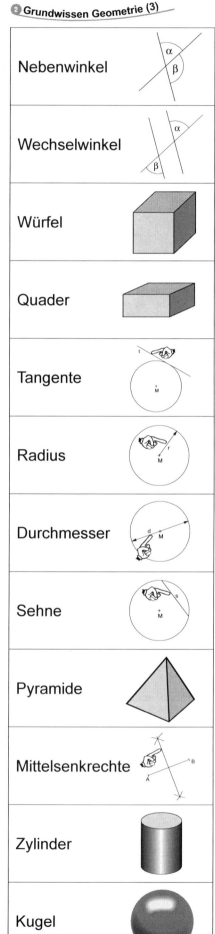

Nebenwinkel	α, β
Wechselwinkel	α, β
Würfel	
Quader	
Tangente	t, M
Radius	r, M
Durchmesser	d, M
Sehne	s, M
Pyramide	
Mittelsenkrechte	A, B
Zylinder	
Kugel	

KOHL VERLAG   Lernen mit Erfolg   Mathe-Memo – Bestell-Nr. 12 004

❸ Römische Zahlzeichen

IX	9
XXIX	29
CCI	201
IV	4
VIII	8
XII	12
XXXVII	37
XCIII	93
CCCXI	311
MMD	2500
XLVII	47
MCM	1900
CXXIV	124
CLIX	159
DCCI	701
MMCI	2101
DXVIII	518
CV	105
MDCX	1610
CLXII	162
CMXC	990
MXCVI	1096
LXXVII	77
XCIX	99
DCCXI	711
CLXIII	163
DVIII	508
CML	950
MLXV	1065
DLV	555
CCCIII	303
MCMII	1902
VII	7
LIII	53
LXVIII	68
CXXXII	132

❹ Zehnersystem

7T+3H+6Z+9E	7369
7HT+5Z+3E	700053
9ZM+2M+7T+3Z	92007030
2ZT+4T+8H+2Z+2E	24822
5ZT+2T+9H+7Z+1E	52971
7H+3Z+9E	739
9ZM+7M+5E	97000005
2HT+4ZT+4H+2E	240402
3T+5H+8Z+7E	3587
4T+9Z+9E	4099
8T+1H+2Z	8120
7T+7H+3Z+2E	7732
8Z+9E	89
6Z+3E	63
5Z+7E	57
3Z+6E	36
1ZT+3T+2H+8Z+9E	13289
2ZT+5H+1Z+2E	20512
3ZT+1T+7H+1Z+4E	31714
6ZT+4T+3H+8Z+6E	64386
7ZT+3Z+1E	70031
6ZT+1T+2E	61002
5ZT+8T+7Z	58070
4ZT+4T+6E	44006
8H+9Z+2E	892
7H+7Z+6E	776
9H+4E	904
2H+8Z+6E	286
1HT+8ZT+3T+2H	183200
2HT+7T+6H+4E	207604
4T+7H+5Z+4E	4754
5ZT+2T+3H+6E	52306
6ZT+7T+4E	67004
9T+3H+7Z+8E	9378
1T+1H+1Z+2E	1112
6T+3H+2Z+7E	6327

Lösungen und Aufgabenübersicht

Quadratzahlen

2^2	4
3^2	9
4^2	16
5^2	25
6^2	36
7^2	49
8^2	64
9^2	81
10^2	100
11^2	121
12^2	144
13^2	169
14^2	196
15^2	225
16^2	256
17^2	289
18^2	324
19^2	361
20^2	400
21^2	441
22^2	484
23^2	529
24^2	576
25^2	625
26^2	676
27^2	729
28^2	784
29^2	841
30^2	900
31^2	961
40^2	1600
45^2	2025
50^2	2500
55^2	3025
60^2	3600
65^2	4225

Das Zweiersystem

101_2	5
10010_2	18
10111_2	23
10001_2	17
1001_2	9
100_2	4
1100_2	12
10011_2	19
10101_2	21
11001_2	25
11101_2	29
100100_2	36
101111_2	47
101010_2	42
111010_2	58
111111_2	63
111_2	7
1111_2	15
110111_2	55
111001_2	57
1001110_2	78
1000001_2	65
1000100_2	68
1000110_2	70
1111111_2	127
1100101_2	101
1011101_2	93
1011011_2	91
1010010_2	82
1011111_2	95
1100011_2	99
1101000_2	104
1101101_2	109
1101110_2	110
1110011_2	115
1111011_2	123

Dezimalbrüche – Brüche

0,7	$\frac{7}{10}$
0,5	$\frac{1}{2}$
0,25	$\frac{1}{4}$
$0,\overline{3}$	$\frac{1}{3}$
0,15	$\frac{3}{20}$
0,125	$\frac{1}{8}$
0,9	$\frac{9}{10}$
$0,\overline{6}$	$\frac{2}{3}$
0,75	$\frac{3}{4}$
$0,\overline{1}$	$\frac{1}{9}$
0,35	$\frac{7}{20}$
0,375	$\frac{3}{8}$
0,3	$\frac{3}{10}$
$0,8\overline{3}$	$\frac{5}{6}$
0,2	$\frac{1}{5}$
0,06	$\frac{1}{15}$
0,4	$\frac{2}{5}$
0,6	$\frac{3}{5}$
0,04	$\frac{1}{25}$
0,08	$\frac{2}{25}$
0,12	$\frac{3}{25}$
$0,1\overline{6}$	$\frac{4}{25}$
0,32	$\frac{8}{25}$
0,075	$\frac{3}{40}$
0,8	$\frac{4}{5}$
0,16	$\frac{1}{6}$
0,625	$\frac{5}{8}$
0,875	$\frac{7}{8}$
0,18	$\frac{9}{50}$
0,38	$\frac{19}{50}$
0,55	$\frac{11}{20}$
0,175	$\frac{7}{40}$
0,57	$\frac{57}{100}$
0,03	$\frac{3}{100}$
0,09	$\frac{18}{200}$
0,019	$\frac{19}{1000}$

Lernen mit Erfolg
KOHL VERLAG   Mathe-Memo – Bestell-Nr. 12 004

Lösungen und Aufgabenübersicht

Koordinatensystem (1)

P(4|1)

P(−3|−5)

P(5|−2)

P(−2|5)

P(0|−4)

P(4|−4)

P(−1|−4)

P(−1|4)

P(0|4)

P(−4|−3)

P(−3|2)

P(2|3)

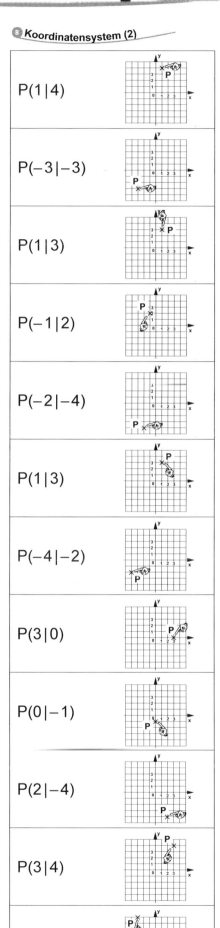

Koordinatensystem (2)

P(1|4)

P(−3|−3)

P(1|3)

P(−1|2)

P(−2|−4)

P(1|3)

P(−4|−2)

P(3|0)

P(0|−1)

P(2|−4)

P(3|4)

P(−3|5)

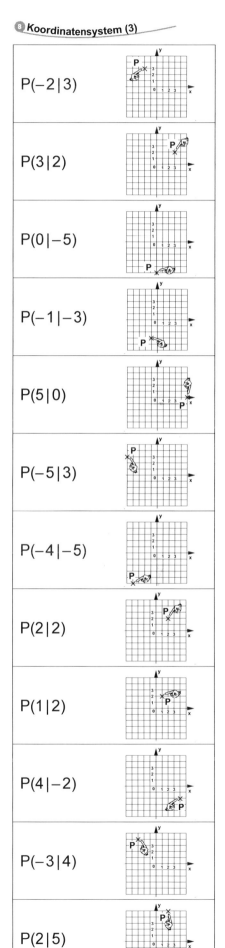

Koordinatensystem (3)

P(−2|3)

P(3|2)

P(0|−5)

P(−1|−3)

P(5|0)

P(−5|3)

P(−4|−5)

P(2|2)

P(1|2)

P(4|−2)

P(−3|4)

P(2|5)

Lösungen und Aufgabenübersicht

9 Lineare Funktionen (1)

$y = \frac{1}{3}x - 1$

$y = x$

$y = -x + 2$

$y = -2x - 2$

$y = 2x + 1$

$y = \frac{1}{2}x - 3$

$y = -x$

$y = \frac{3}{2}x + 2$

$y = -2x - 4$

$y = 2x - 3$

$y = \frac{3}{4}x + 2$

$y = -\frac{3}{4}x - 1$

9 Lineare Funktionen (2)

$y = \frac{1}{4}x + 2$

$y = \frac{1}{4}x - 3$

$y = -\frac{1}{4}x + 4$

$y = 2x$

$y = -\frac{1}{2}x + 1$

$y = -x - 4$

$y = \frac{1}{5}x + 2$

$y = \frac{1}{2}x + 3$

$y = \frac{3}{4}x - 3$

$y = \frac{1}{3}x$

$y = \frac{1}{3}x + 4$

$y = -\frac{1}{3}x - 2$

9 Lineare Funktionen (3)

$y = \frac{2}{3}x$

$y = \frac{2}{3}x + 2$

$y = -\frac{2}{3}x - 3$

$y = -\frac{3}{2}x$

$y = \frac{3}{2}x + 4$

$y = -\frac{3}{2}x - 1$

$y = \frac{5}{2}x$

$y = \frac{5}{2}x - 2$

$y = -\frac{5}{2}x + 2$

$y = \frac{4}{3}x$

$y = \frac{4}{3}x + 2$

$y = -\frac{4}{3}x - 1$

KOHL VERLAG   Lernen mit Erfolg   Mathe-Memo – Bestell-Nr. 12 004

Lösungen und Aufgabenübersicht

⑩ Quadratische Funktionen (1)

$y = x^2 + 1$	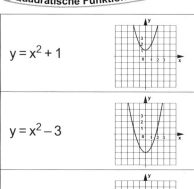
$y = x^2 - 3$	
$y = -(x+2)^2 + 3$	
$y = -x^2$	
$y = -x^2 + 2$	
$y = -x^2 - 1$	
$y = (x+4)^2$	
$y = -(x+2)^2$	
$y = (x-3)^2$	
$y = (x+1)^2$	
$y = -(x+4)^2$	
$y = -(x-1)^2$	

⑩ Quadratische Funktionen (2)

$y = (x+1)^2 + 2$	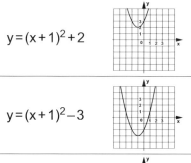
$y = (x+1)^2 - 3$	
$y = (x+2)^2 - 1$	
$y = (x+2)^2 + 3$	
$y = (x+4)^2 - 1$	
$y = -(x+4)^2 + 1$	
$y = (x+3)^2 - 3$	
$y = -(x+3)^2 + 1$	
$y = -(x-1)^2 + 2$	
$y = -(x-1)^2 - 3$	
$y = -(x-2)^2 - 2$	
$y = -(x-3)^2 + 1$	

⑩ Quadratische Funktionen (3)

$y = -(x+2)^2 + 1$	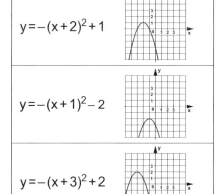
$y = -(x+1)^2 - 2$	
$y = -(x+3)^2 + 2$	
$y = -(x+2)^2 - 3$	
$y = (x-1)^2 + 2$	
$y = (x-2)^2 - 2$	
$y = (x-3)^2 - 1$	
$y = (x-3)^2 - 3$	
$y = (x+2)^2 - 4$	
$y = -(x-1)^2 + 4$	
$y = x^2 - 4$	
$y = (x+2)^2$	

Lernen mit Erfolg
KOHL VERLAG   Mathe-Memo – Bestell-Nr. 12 004

Lösungen und Aufgabenübersicht

$x^2 + 2x - 15 = 0$	$x_1 = 3$	$x_2 = -5$
$x^2 + 8x + 12 = 0$	$x_1 = -2$	$x_2 = -6$
$x^2 - x - 2 = 0$	$x_1 = 2$	$x_2 = -1$
$x^2 + x - 12 = 0$	$x_1 = -4$	$x_2 = 3$
$x^2 - 4x - 21 = 0$	$x_1 = 7$	$x_2 = -3$
$x^2 - 11x + 30 = 0$	$x_1 = 5$	$x_2 = 6$
$x^2 - 12x + 27 = 0$	$x_1 = 3$	$x_2 = 9$
$x^2 + 3x - 28 = 0$	$x_1 = 4$	$x_2 = -7$
$x^2 - 11x + 18 = 0$	$x_1 = 2$	$x_2 = 9$
$x^2 + 11x + 24 = 0$	$x_1 = -3$	$x_2 = -8$
$x^2 + 11x + 28 = 0$	$x_1 = -4$	$x_2 = -7$
$x^2 - 4x - 45 = 0$	$x_1 = -5$	$x_2 = 9$
$x^2 - 2x - 8 = 0$	$x_1 = 4$	$x_2 = -2$
$x^2 + 6x - 27 = 0$	$x_1 = 3$	$x_2 = -9$
$x^2 - x - 30 = 0$	$x_1 = 6$	$x_2 = -5$
$x^2 + 3x - 40 = 0$	$x_1 = 5$	$x_2 = -8$
$x^2 - 4x - 12 = 0$	$x_1 = 6$	$x_2 = -2$
$x^2 + 3x - 18 = 0$	$x_1 = 3$	$x_2 = -6$
$x^2 - 13x + 12 = 0$	$x_1 = 1$	$x_2 = 12$
$x^2 - 25x + 46 = 0$	$x_1 = 2$	$x_2 = 23$
$x^2 - 10x + 16 = 0$	$x_1 = 2$	$x_2 = 8$
$x^2 + 11x + 18 = 0$	$x_1 = -2$	$x_2 = -9$
$x^2 + 9x - 36 = 0$	$x_1 = -12$	$x_2 = 3$
$x^2 - 4x - 32 = 0$	$x_1 = 8$	$x_2 = -4$
$x^2 - 3x + 2 = 0$	$x_1 = 1$	$x_2 = 2$
$x^2 + x - 6 = 0$	$x_1 = 2$	$x_2 = -3$
$x^2 - x - 20 = 0$	$x_1 = 5$	$x_2 = -4$
$x^2 + 4x - 32 = 0$	$x_1 = 4$	$x_2 = -8$
$x^2 - 7x + 10 = 0$	$x_1 = 2$	$x_2 = 5$
$x^2 - 7x + 12 = 0$	$x_1 = 3$	$x_2 = 4$
$x^2 + 5x + 6 = 0$	$x_1 = -2$	$x_2 = -3$
$x^2 + 4x + 3 = 0$	$x_1 = -3$	$x_2 = -1$
$x^2 - 3x - 18 = 0$	$x_1 = 6$	$x_2 = -3$
$x^2 - 15x + 56 = 0$	$x_1 = 8$	$x_2 = 7$
$x^2 - 2x - 24 = 0$	$x_1 = 6$	$x_2 = -4$
$x^2 - x - 56 = 0$	$x_1 = 8$	$x_2 = -7$

KOHL VERLAG   Lernen mit Erfolg   Mathe-Memo – Bestell-Nr. 12 004

Mathe-Übungen für zwischendurch
Aufgaben kreuz und quer durch die Mathematik

Die wichtigsten Themen der Mathematik im 5.-10. Schuljahr werden in kurzen Tests nach Themen zusammengefasst. Jeder Test enthält 5 Aufgaben mit unterschiedlichen Schwierigkeitsgraden. Das jeweilige Arbeitsblatt kann als Kurztest, zur Stillarbeit oder als Übungsmaterial eingesetzt werden.

Entstehende Pausen sinnvoll füllen!

		Nr.	Preis
Klasse 5/6 (48 Seiten)		Nr. 11 011	14,80 €
	PDF	Nr. P11 011	11,99 €
Klasse 7/8 (48 Seiten)		Nr. 11 076	14,80 €
	PDF	Nr. P11 076	11,99 €
Klasse 9/10 (64 Seiten)		Nr. 11 077	16,80 €
	PDF	Nr. P11 077	13,49 €

PDF-Schullizenz (je Band)
48,- €
54,- €

Klassenarbeiten Mathe
... individuell selbst zusammenstellen

270 Aufgabenkarten zur Erstellung von individuellen Tests und Klassenarbeiten. Einfach die Seite kopieren, die gewünschten Aufgaben mit der Schneidemaschine ausschneiden, in die Vorlagenhülle einlegen, in Klassenstärke kopieren – fertig! So entstehen ganz schnell individuell zusammengestellte Tests und Arbeiten in hoher Qualität und Sie ersparen sich viel Mühe. So haben Sie mit wenig Zeitaufwand stets unterschiedliche Arbeiten parat.

➔ Passende Streifen auswählen.
➔ Acht Streifen in die Hüllen legen.
➔ Kopieren – fertig!

		Nr.	Preis
Klasse 5		Nr. 11 368	17,80 €
	PDF	Nr. P11 368	14,49 €
Klasse 6		Nr. 11 369	17,80 €
	PDF	Nr. P11 369	14,49 €
Klasse 7		Nr. 11 460	17,80 €
	PDF	Nr. P11 460	14,49 €

PDF-Schullizenz
58,- €

Mathematische Zaubereien
Verblüffende Tricks für Tüftler

Von der Vorhersage des Alters bis hin zu mystischen Zahlenquadraten enthält diese Sammlung auch Kunststücke ohne Mathematik, die sich ideal für die nächsten Projekttage, Vertretungsstunden, Feste, Feiern und die große Aufführung auf der Schulbühne eignen. Die Zauberkunststücke erhalten detaillierte Anleitungen, sodass die Kinder ihre selbst gebastelten Zaubertricks mit nach Hause nehmen können.

			Nr.	Preis
5	6		Nr. 11 029	9,90 €
		PDF	Nr. P11 029	7,99 €

32
PDF-Schullizenz
32,- €

Mathe-Memo

Warum nicht einmal Altbekanntes nutzen, um Stoffgebiete wie Bruchrechnung, Zahlensysteme, Lineare Funktionen, ... zu vertiefen? Die Spielform Memo folgt der Forderung nach methodischer Abwechslung und kann durch den Spaß am Spiel nicht nur in Vertretungs- und Wiederholungsstunden, sondern auch bei der Öffnung von Unterricht (z. B. in Lernzirkeln) genutzt werden.

		Nr.	Preis
5 6 7 8 9 10		Nr. 12 004	19,80 €
	PDF	Nr. P12 004	15,99 €

96
PDF-Schullizenz
64,- €

Kopfrechentrainer
Ideenkiste fürs tägliche Üben

Zahlreiche Rechenkarten zum kleinen/großen Einmaleins bieten mit vielfältigen Rechenspielen und Einsetzungsmöglichkeiten das wichtigste Übungsmaterial. Die angewandten Methoden sind motivationssteigernd. Zusätzlich enthält der Band *weitere Spiele, Tabellenübungen, Brettspielvarianten & Überprüfungsmöglichkeiten.*

FÖ

		Nr.	Preis
		Nr. 11 082	25,80 €
	PDF	Nr. P11 082	20,99 €

160
PDF-Schullizenz
84,- €

Lernbingos   Kleines 1x1 und kleines 1:1

Die Kinder tragen vorgegebene Lösungszahlen in einen Bingo-Plan ein und lösen anschließend so lange Rechenaufgaben im Kopf, bis sie eine komplette Bingo-Reihe im Bingo-Plan erreicht haben. Im Band befinden sich 20 verschiedene Vorlagen für das 1x1 und 20 Vorlagen für das 1:1. Die Materialien stärken die Kopfrechenfähigkeit und das allgemeine Konzentrationsvermögen. Die klar strukturierten Kopiervorlagen sind mit ausführlichen Lösungen ausgestattet.

		Nr.	Preis
5 6		Nr. 11 626	14,80 €
	PDF	Nr. P11 626	11,99 €

48
PDF-Schullizenz
48,- €
Kleines 1x1 & kleines 1:1

Mathematik und Fußball
Aufgaben rund um den Fußballsport

Begeistern Sie Ihre Schüler mit einem hochmotivierenden und immer aktuellen Thema! Diese Aufgabensammlung umfasst alle wesentlichen Inhalte des Lehrplans im 5.-7. Schuljahr und enthält zusätzlich 9 doppelseitige vernetzte Probleme sowie drei Online-Rallyes. Dabei wird jedes Lernniveau und -tempo methodisch sehr abwechslungsreich angesprochen.

		Nr.	Preis
		Nr. 11 072	16,80 €
	PDF	Nr. P11 072	13,49 €

80
PDF-Schullizenz
54,- €

Runden und Überschlagsrechnen
Berücksichtigung aller Grundrechenarten

Für jeden Lerninhalt werden die Aufgaben in vier Schwierigkeitsstufen aufbereitet und damit ein breites Differenzierungsangebot gegeben. Die Übungen zum Runden enthalten jeweils maximal 20 Aufgaben, die Übungen zur Überschlagsrechnung nur 6-9 Aufgaben. Jedes Übungsblatt enthält eine Anleitung mit Beispiel. Die Lösungen befinden sich auf den Rückseiten der Übungsblätter.

		Nr.	Preis
5 6 7		Nr. 11 667	16,80 €
	PDF	Nr. P11 667	13,49 €

64
PDF-Schullizenz
54,- €

Stationenlernen
Bruch-, Zins- & Prozentrechnung

Wie schnell Bruch-, Zins- und Prozentrechnen doch in Vergessenheit geraten, erfährt jeder Unterrichtende spätestens nach den Ferien. Allerdings sind diese Themen für das spätere Berufsleben von enormer Bedeutung.
Um hier Defizite schnell und gezielt aufzuarbeiten, empfiehlt sich der themenorientierte Einsatz. Die Materialien sind sowohl mit allen Regeln als auch mit zahlreichen Übungsaufgaben ausgestattet, zusätzliche Aufgaben aus der Praxis lassen den Schüler den Mehrwert fürs spätere Leben erkennen.

Materialien, die auch in der Selbstlernzeit und zur Nachhilfe geeignet sind. Mit ausführlichen Lösungen zur Selbstkontrolle.

		Nr.	Preis
Bruchrechnung		Nr. 12 002	18,80 €
	PDF	Nr. P11 011	14,99 €
Zinsrechnung		Nr. 12 003	14,80 €
	PDF	Nr. P12 003	11,99 €
Prozentrechnung		Nr. 11 946	14,80 €
	PDF	Nr. P11 946	11,99 €

PDF-Schullizenz (je Band)
60,- €
48,- €
48,- €

Statistik & Wahrscheinlichkeitsrechnung
... kinderleicht erlernen

Der Band ist aufgeteilt in einen ersten Teil mit dem Schwerpunkt Statistik und einen zweiten Teil, der sich mit der Wahrscheinlichkeitsrechnung befasst. Die einzelnen Aufgaben sind aufgrund ihrer unterschiedlichen Niveaustufen nicht nur für den Einsatz in mehreren Klassenstufen geeignet, sondern auch für die gezielte Förderung lernschwächerer Schüler.

		Nr.	Preis
5 6 7 8 9 10		Nr. 11 661	18,80 €
	PDF	Nr. P11 661	14,99 €

80
PDF-Schullizenz
60,- €

Brüche & Bruchrechnung   Mein Mathe-Portfolio

- Ihre Schüler entwerfen motiviert eigene Aufgaben und durchdringen damit die Bruchrechnung.
- Mit selbst ergänzten Merksätzen, vielen Beispielen und abwechslungsreichen Aufgaben findet jeder Schüler Unterstützung auf individuellem Niveau.
- Bruchbegriffe und Regeln werden handlungsorientiert erarbeitet.

		Nr.	Preis
5 6 7		Nr. 11 428	15,80 €
	PDF	Nr. P11 428	12,49 €

56
PDF-Schullizenz
50,- €

Kopfrechentraining bis 100/1000
Stärkung der Rechenkompetenz

 NEU

Den Kindern stehen jeweils 48 Übungsvorlagen zur Verfügung, mit deren Hilfe sie ihre Kopfrechenfähigkeiten sowie ihr mathematisches Denk- und Kombinationsvermögen schulen können. Jede Aufgabe ist mit einem Symbol verbunden, das die Schüler den passenden Lösungen zuordnen kann. Mit der integrierten Selbstkontrolle kann anschließend die Richtigkeit selbst überprüft werden. *Diese vielseitigen Aufgabenformate sind auch gut für den inklusiven Unterricht geeignet.*

FÖ
INK

Lieferbar ab Sept. 2016

... bis 100		Nr. 11 962	14,80 €
	PDF	Nr. P11 962	11,99 €
... bis 1000		Nr. 11 963	14,80 €
	PDF	Nr. P11 963	11,99 €

PDF-Schullizenz (je Band)
48,- €

Stationenlernen Grundrechenarten

Alle vier Grundrechenarten werden in gleichem Maße abgedeckt und durch das anschauliche und übersichtliche Material dem Schüler nähergebracht. Die motivierenden Aufgabenstellungen variieren mit allen möglichen Rätselformen, wie z.B. Pyramidenrätseln, Ausmalrätseln, Puzzlen, Verbindungsrätseln, Rätsellabyrinthen ...

Tippkarten unterstützen die Schüler beim selbstständigen Arbeiten. Ausführliche Lösungen, ebenfalls im Kartenformat, sind gerade für heterogene Lerngruppen gut geeignet.

5. Klasse		Nr. 11 663	16,80 €
	PDF	Nr. P11 663	13,49 €
6. Klasse		Nr. 11 664	16,80 €
	PDF	Nr. P11 664	13,49 €

PDF-Schullizenz (je Band)
54,- €

Mathe – Das kannst du!

Dezimalsystem, Teilbarkeit, Runden, Grundrechenarten, Primzahlen, Punkt-vor-Strich-Regelung ... Zahlreiche Differenzierungsangebote, um den verschiedensten individuellen Voraussetzungen gerecht zu werden. Jeder Themenbereich enthält Arbeitsblätter mit unterschiedlichem Niveau in 3 Leistungsstufen. Zusätzlich wird jeder Themenbereich noch mit einem Quiz, einem Spiel oder ähnlichen Features abgerundet.

INK

		Nr. 11 269	17,80 €
	PDF	Nr. P11 269	14,49 €

PDF-Schullizenz
58,- €

Mathe ganz praktisch
Den Grundaufgaben auf die Sprünge helfen

Die **Grundrechenarten**, die **Bruch-, Prozent- und Zinsrechnung** sowie die **Maßeinheiten** werden **wiederholt** und **aufgefrischt**. Dabei wird auf vielfältige und abwechslungsreiche Art geübt! Die Aufgabenstellungen sind gestaffelt in ganz leicht bis ganz schön schwer. Die gestellten Aufgaben stehen in Bezug zur Lebenswirklichkeit der Schüler.

		Nr. 10 709	13,90 €
	PDF	Nr. P10 709	10,99 €

PDF-Schullizenz
44,- €

Mathe ganz praktisch
Rechnen mit Geld

Mit Geld stehen wir alle ständig im direkten Kontakt. Grund genug, anhand der aus dem Lebensalltag der Schüler aufgegriffenen Matheaufgaben das Rechnen mit Geld zu üben. Hier werden die Grundkompetenzen wiederholt und neu aufgefrischt.

		Nr. 10 868	13,90 €
	PDF	Nr. P10 868	10,99 €

PDF-Schullizenz
44,- €

Mit Maßeinheiten rechnen lernen
Mathe ganz praktisch – mit offenen Aufgaben

Schritt für Schritt erste Erfahrungen mit den Maßeinheiten in steigender Schwierigkeitsstufe. Lebensnahe und leicht umsetzbare Textaufgaben sowie Übungsaufgaben zur Umwandlung der Maßeinheiten werden thematisiert. Hinzu kommen offene Aufgaben. *Die optimale Auffrischung der Grundkenntnisse für die weiterführende Schule!*

		Nr. 19 043	22,80 €
	PDF	Nr. P19 043	18,49 €

PDF-Schullizenz
74,- €

Der innovative Rechentrainer
Schnelle Soforthilfe bei Dyskalkulie

Diese komfortablen Trainingseinheiten für rechenschwache Schüler sind das ideale Trainingsmaterial für Eltern, Lehrer und Therapeuten. Die Übungen widmen sich den größten Problemfeldern des Rechnens. Die Kopiervorlagen sind auch zum häuslichen Üben bei Dyskalkulie oder für Trainingseinheiten im Regelunterricht geeignet.

FÖ
INK

		Nr. 10 870	17,80 €
	PDF	Nr. P10 870	14,49 €

PDF-Schullizenz
58,- €

Allgemeinwissen Mathematik
Grundkenntnisse fachgerecht in kleinen Portionen

Oft fehlt es an elementarem, mathematischem Wissen. Das schafft nicht nur bei der Prüfung Probleme ...Diese Lücken werden mit verständlichen Infotexten und vielen Übungsaufgaben gestopft. Ausgewählte Aufgaben werden ausführlich vorgerechnet, damit die einzelnen Schritte leicht nachzuvollziehen sind.

FÖ

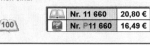

		Nr. 11 660	20,80 €
	PDF	Nr. P11 660	16,49 €

PDF-Schullizenz
66,- €

Logikrätsel Mathematik
Training des logischen Denkens

30 pfiffige Logicals zum Training des logischen Denkens. Auf angenehme Weise beschäftigen sich die Schüler mit wichtigen Inhalten und wiederholen und festigen, ohne sich dessen wirklich bewusst zu sein. Logikrätsel erhöhen die geistige Fitness. Sie sind ein ideales Training für den Kopf, erhöhen die Konzentration und machen einfach nur Spaß!

BF

		Nr. 11 087	13,80 €
	PDF	Nr. P11 087	10,99 €

PDF-Schul...
44,-

Das Einmaleins-Mathe-Labyrinth
Spannendes Knobeln für Schlaumeier!

80 verschiedene Labyrinthe zum kleinen und großen 1x1 jeweils in DIN-A5-Größe, die durch Geschicklichkeit und Konzentration gelöst werden können. So wird das große und das kleine Einmaleins spielerisch verinnerlicht und gefestigt. Bei richtiger Lösung ergibt sich auf dem Weg durchs Labyrinth ein Lösungswort. *Innovatives Material, das Spaß und Rechenarbeit verbindet!*

		Nr. 11 325	16,80 €
	PDF	Nr. P11 325	13,49 €

PDF-Schullizenz
54,- €

Logisch denken lernen mit Hashis

Eine japanische Rätselform, die einzelne mit Zahlen und Punkten ausgestattete Inseln miteinander verbindet. Ziel ist es, genau die vorgegebene Anzahl einfacher und doppelter Linien auf die Insel zulaufen zu lassen, ohne dass sich Linien kreuzen. Alle Inseln müssen zum Schluss miteinander verbunden sein. Verschiedene Schwierigkeitsstufen bieten für jedes Niveau Spaß und regen die Denkleistung an.

BF

		Nr. 11 464	13,80 €
	PDF	Nr. P11 464	10,99 €

PDF-Schul...
44,-

SUDOKUS – So knackst du sie!

Beim Lösen von Sudokus ist logisches Denken erforderlich. So lassen sich Sudokus nicht nur im Mathematikunterricht oder in Vertretungsstunden gut einstreuen.

Das ist bewährtes Material für Mathematik, logisches Denken und selbstorganisiertes Lernen.

		Nr. 10 861	14,80 €
	PDF	Nr. P10 861	11,99 €

PDF-Schul...
48,-

Mathe-Rätsel für helle Köpfe

Kreuzzahlrätsel, Knobeln an magischen Quadraten, Geheimcodes, Dominos, spannende Bilder- und Buchstabenrätsel ... Das Grundwissen und viele mathematische Begriffe werden spielerisch gefestigt.

BF

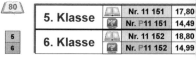

PDF-Schullizenz (je Band)
60,-

5. Klasse		Nr. 11 151	17,80
	PDF	Nr. P11 151	14,49
6. Klasse		Nr. 11 152	18,80
	PDF	Nr. P11 152	14,99
